Government
Affairs Microblog

政务微博
运营管理研究

魏颖 著

中国发展出版社
CHINA DEVELOPMENT PRESS

图书在版编目（CIP）数据

政务微博运营管理研究 / 魏颖著. —北京：中国发展出版社，2017.6

ISBN 978-7-5177-0685-4

Ⅰ.①政… Ⅱ.①魏… Ⅲ.①电子政务—运营管理—研究—中国 Ⅳ.①D63-39

中国版本图书馆CIP数据核字（2017）第115908号

书　　　名： 政务微博运营管理研究
著作责任者： 魏　颖
出 版 发 行： 中国发展出版社
（北京市西城区百万庄大街16号8层　100037）
标 准 书 号： ISBN 978-7-5177-0685-4
经　销　者： 各地新华书店
印　刷　者： 北京科信印刷有限公司
开　　　本： 880mm × 1230mm　1/16
印　　　张： 5.5
字　　　数： 85千字
版　　　次： 2017年6月第1版
印　　　次： 2017年6月第1次印刷
定　　　价： 36.00 元

联 系 电 话：（010）88919581　68990692
购 书 热 线：（010）68990682　68990686
网 络 订 购： http://zgfzcbs. tmall. com//
网 购 电 话：（010）88333349　68990639
本 社 网 址： http://www.develpress. com. cn
电 子 邮 件： 370118561@qq. com

目 录

第一章 导论

微博是信息网络技术发展到一定阶段的产物，它的出现改变了传统的传播格局。微博的发展十分迅速，个人微博、商业微博、政务微博、名人微博、草根微博……从不同的角度可以对微博家族成员进行不同的分类。本文主要着眼于政务微博，力争对这一新的传播现象进行系统研究。

一、研究的背景

2009 年 8 月，新浪网推出“新浪微博”内测版，成为中国门户网站中首家提供微博服务的网站。2010 年，新浪、腾讯、搜狐、网易等门户网站巨头纷纷发力微博服务，标志着中国互联网进入“微博元年”。进入 2011 年，中国微博用户呈现爆炸式增长。微博等传播载体的出现开启了自媒体时代，人们将注意力转移到互联网，以微博为代表的新兴媒体成为民间舆论场而备受关注。微博曝光——网民围观——媒体互动——深度挖掘——当事主体回应——问题追踪，已成为重大舆论危机事件的基本发生模式。

政务微博从产生到发展的速度几乎与此保持同步。2009 年，湖南桃源县最先开通“桃源网”政务微博，随后政务微博如雨后春笋般不断涌现。2011 年被称为“政务微博元年”，政务微博取得了爆发式发展，“微博问政”也成为当年“两会”的新亮点。进入 2012 年，除继续保持数量持续增长外，政务微博在覆盖面、应用水平、综合影响力等方面更是呈现出不断提升的趋势。

2016 年以来，中办、国办多次下发文件，对各政府机关重大舆情回应做出要求。2 月，中办、国办印发《关于全面推进政务公开工作的意见》，提出：“在应对重大突发事件及社会热点事件时不失声、不缺位。”11 月，国办印发《〈关于全面推进政务公开工作的意见〉实施细则》，对重大舆情回应的时间要求，从 24 小时内举行新闻发布会，提速到 5 小时内发声。政务微博正胜任这种突发舆情中的“灭火员”角色，从快速发声、披露信息，到表明态度、安定人心。2016 年 12 月 7 日，国务院总理李克强主持召开国务院常务会议，通过《“十三五”国家信息化规划》，明确未来将实施“互联网 + 政务服务”等信息惠民工程。作为“互联网 + 政务服务”的先行者，政务微博经过几年的发展，已经成为亿万群众的“方便之门”。从以前民众需要跑腿办理的“现场政务”，到需要联网的“上网政务”，再到如今打开手机就可以获得的“移动政务”，政务服务的发展经历了质的变革[①]。未来，政务微博应致力于讲“政”事、走“政”道、务“政”业，善用传播规律提升宣传水平、加强聚合效应、提高精准服务，让群众在移动端充分体验“获得感”。

二、研究的意义

政务微博在中国发展得如此迅猛，一方面与微博的自身特性有关，一方面也顺应了我国创新社会管理的需要。由于具有即时性、原创性、扩散性、跟随性等特点，微博不仅成为舆情事件的原发地，更在传播

① 人民日报：《2016年上半年人民日报·政务指数微博影响力报告》，2017-01。

过程中起到推波助澜的作用；同时，微博对事件的报道具有草根性、煽动性、临场感和多元性，可以快速且多面化地呈现传统媒体难以及时报道的细节信息。当传统媒体的舆论影响力下降，民众逐渐依靠微博等新兴媒体寻找信息、表达诉求时，在微博这个新兴舆论阵地上政府的声音不可或缺。因此，党政机构和公务人员自发自觉地开始利用微博等社会化媒体阵地，了解舆情信息、传播主流价值、引导正确舆论、加强干群联系，从而起到加强和创新社会管理的目的。

然而，政务微博在数量上呈爆发式增长的同时，其在质量上却存在着良莠不齐、发展状态不平衡等现象。虽然很多政务微博已逐渐认识到运营管理中的问题，并从早期自发、简单的尝试，逐渐开始规范运营。例如，云南省红河州公安局的官方微博“平安红河”、易门县公安局的官方微博“易门警方”在腾讯微博联合发起了“微话题·派出所值班那些事”，这是全国首个以微话题的形式关注派出所工作的活动；浙江省旅游局通过微博平台开展“百家精品景区万张门票大派送”的秒杀活动……很多政务微博开始从互动手段、风格定位、营销模式等方面拓展思路，大胆创新。但很大一部分政务微博账号却仍然存在着言语不当、更新滞后、管理不到位等问题，本应拉近与群众的距离，结果却适得其反。这表明，在中国步入“微博时代”，近半数网民都在微博上游刃有余的今天，部分政府和党政干部尚未完全掌握微博运营的规律与趋势。微博有别于专业媒体机构主导的信息传播，有自己独特的传播规律。党政机关和领导干部不仅要学会开通微博，还要重视、学习并善用微博。

三、目前研究现状

政务微博是政务传播与微博结合的产物，为了全面认识政务微博的发展态势和研究情况，本文通过查阅书籍、论文以及互联网搜索，搜集到了一系列相关的图书、期刊论文和网络文章。目前对政务微博研究主要集中在以下几个方面。

（一）有关政务微博内容实战的研究

这类研究对政务微博的实际案例进行有针对性、建设性的研究，发现政务微博实战运作中存在的问题，并提出解决之道。高明勇主编的《微博问政的 30 堂课》一书，对多个微博账号和微博舆情传播事件深入解读，以思想、方法、案例化解政务微博运用之惑，帮助解决微博问政的“谁来问”“去问谁”“问什么”“怎么问”等关键问题。由丁俊杰、张树庭主编的《网络舆情及突发公共事件危机管理经典案例》一书，以15个由偶发事件演变成为社会热点事件的案例，对网络传播规律和政务微博的回应方式进行分析，对提高各级政务微博的网络舆情及突发公共事件管理能力提供基于实际案例的解读和建议。

（二）有关政务微博传播效果的研究

这类研究从传播学、社会学、政治学、公共关系等学科的角度审视政务微博，以理论研究的方式梳理政务微博的传播模式与运行规则。如韩娜在《传播学视角下的政务微博的发展路径探析》一文中，从传播者、传播内容、传播渠道这三个要素分析政务微博的传播模式特征：在传播主题上具有特定性和权威性、在传播媒介上具有互动性和裂变性、在传播内容上具有独占性和灵活性。梁晓莹在《政务微博传播效果与技巧》一文中提出以发布公共信息、收集民情民意为主旨的政务微博，其传播模式与传统的政府传播和媒体传播具有本质区别，但不少微博存在定位不明、使用不规范、危机处理能力较弱等问题。

（三）有关政务微博运营管理的研究

这类研究主要是从我国政务微博的现状、特性、功能、社会环境等的分析中，对政务微博的发布规则和使用技巧提出建议。如崔学敬在《我国政务微博的现状、问题和对策》一文中从微博的特点、我国政务微博的现状、目前存在的问题以及运营对策等方面入手，通过分析希望为政务微博的良性发展提供理论支持。在段旭、苟德培主编的《公务人员与政务机构的微博使用维护新探》一书中，分别对政府、公安、卫生、文旅、商税、交通、财经和民生等不同领域的政务微博的发展现状、存在的问题进行分析，并针对不同行业的不同特点提出不同的运营建议。

笔者通过分析发现，各种文献中对于政务微博的描述，或从理论研究的角度阐述作者自身的观点，或在实际案例分析的基础上提出实操性的建议，而将理论研究与实例分析相结合的较少。如果从传播学和公共关系学的视角，进一步融合技术、管理、社会环境等各方面因素来考察政务微博，并在理论研究的基础上结合实际案例加以分析，所提出的政务微博运营管理策略和使用技巧将更具系统性和操作性。

四、研究思路及方法

本文尝试通过对中国政务微博的应用案例和发展对策进行深度研究，分析微博尤其是政务微博的生态环境和特点，并对我国政务微博的现状和发展趋势进行探讨，梳理微博问政存在的具体问题，并从传播学等角度提出政务微博运营管理的对策、建议和发展方向。希望本文的研究成果为中国政务微博的发展厘清思路，为我国政府机构和党政干部微博运用水平的提高与创新提供有益参考，可以在未来的舆情阵地上更加灵活地运用微博手段，积极应对微博带来的新挑战。

本文主要研究的问题包括：

（1）对我国政务微博现状进行梳理分析；

（2）我国政务微博发展趋势预测；

（3）政务微博的功能及存在的问题；

（4）目前我国政务微博运营中存在的误区及解决对策。

在研究方法方面，由于本文着重以基层、省市集群、部委等多个层次的政务微博为案例，对不同层次、不同领域优质微博的运营策略和经验进行分析，从而总结出我国政务微博发展的趋势和运营管理策略。因此，最合适的方法是文献分析法、案例分析法、参与式观察法。

（1）文献分析法：主要是通过对书籍、报刊以及大量电子文献和论文等资料的分析和归纳，其中还包括国内外新闻与传播专家在网络上发表的资料等。

（2）案例分析法：笔者研究了大量实名认证的政务微博案例，特别是本人职务范围内所接触到的成功案例，为进行理论分析和总结奠定了扎实的实践基础。

（3）参与式观察法：笔者在海淀区新闻中心任职，曾在海淀区委宣传部、海淀区创建全国文明城区总指挥部办公室（现海淀区文明城区建设工作指挥部办公室）具体负责对外宣传工作，通过对辖区内从街道到区政府的政务微博比较深入的了解和近距离的观察，尤其是其线上评论和线下处理的模式，了解了民众在政务微博上主要反映和需要的信息类型以及相关政府部门如何在线下对所反映的问题进行跨部门的快速处理。

第二章 微博发展现状

第一节　微博概述

一、微博的定义

根据《现代汉语规范词典》，“微博，即微博客（Micro Blog）的简称，是一个基于用户关系的信息分享、传播以及获取平台，用户可以通过 WEB、WAP 以及各种客户端组件个人社区，以 140 字左右的文字信息更新信息，并实现即时分享。”[①] 2016 年底，微博对全体用户取消了字数限制，经测试，最多可输入 2000 字。

---

① 李行健主编：《现代汉语规范词典》，外语教学与研究出版社、语文出版社2010年版。

文字发布后在信息流中依然只显示 140 字，不过在句末加了一个“显示全文”的提示，点击后出现超长微博全文。

微博更新及时方便，内容短小随意，人人都可参与。便捷多样的参与渠道，使人们可以更容易实现信息的及时分享与交流。而微博碎片化的传播特点又对信息发布的权威性、准确性进行消解，随意性强，完整的信息需要传播者多次发布并结合才能形成。微博取消 140 字限制，不再专注于轻量级内容，意味着其与微信公众平台更像了，都支持长图文，都是基于 follow 关系的内容流，内容变现都是靠广告和打赏。

本文基于相关研究的信息搜集及分析认为：微博（网民昵称“围脖”），是一个基于用户关系信息分享、传播以及获取平台，用户可通过电脑、手机、即时聊天工具等多种途径，随时随地向网站发布文字、图片、视频，组建个人社区，发布或转发其他用户的信息，具备发布、关注、评论、转发、私信等功能，并实现即时分享，是一种开放式移动互联网应用服务，是一种新的传播形式，也是一种新的文化娱乐形式和人际交往方式。

二、微博发展历程

（一）微博的产生

2006年3月，博客技术先驱blogger创始人埃文·威廉姆斯(Evan Williams)创建的新兴公司Obvious推出了大微博服务。最初，这项服务只是用于向好友的手机发送文本信息。接着，威廉姆斯又推出Twitter，英文原意为小鸟的叽叽喳喳声，可以用来形容人说话议论时的声音。它允许用户将自己的最新动态、所见所闻和想法看法以短信息的形式发送给手机和个性化网站群，而不仅仅是发送给个人。

Twitter是一个社交网络及微博客服务，在它创立之初，为数不多的用户只是利用这个平台互相讲讲笑话段子而已，但是很快用户们发现Twitter具有与众不同的传播方式，信息通过关注者的重复转发，可将一条有效信息快速放大、呈几何状传播成百上千倍，Twitter很快风靡全球。

用户能用包括发手机短信、SMS、电子邮件、Twitter网站或Twitter客户端软件等数百种工具，输入最多140字的文字更新信息。在Twitter上“落户”的，既有像小学生、普通职员等这样的普通民众，还有像微软、美国白宫等著名企业和机构，甚至还有美国总统奥巴马这样的政治家。

Twitter 在面世后的近一年时间内并未引起网络用户和市场的关注，直到 2007 年年初，在美国德州的偏南音乐节上，主办方具有创意地将 Twitter 连接在演唱会旁边的大显示屏上，所有与会者可以通过手机登录 Twitter 即时发布自己的感受和想法，Twitter 第一次博得公众的眼球，并迅速吸引了年轻人的兴趣和注意。2008 年 Twitter 迅速走红。

（二）微博在中国的发展

Twitter 在其诞生地美国出现了一批模仿者，但 Twitter 与 Youtube、Facebook 等互联网产品命运类似，亦因监管等问题未能进入中国。2007 年起，饭否网、叽歪网、嘀咕网等中国本土化微博产品作为 Twitter 的模仿者与替代品开始出现，国内的微博客悄然兴起。但这些微博客一直是在范围不大的圈子内流行，甚至走入低潮。此外，很多社交网站，如开心网，也融合了微博客的即时交流功能。

2009 年 8 月，中国门户网站新浪推出“新浪微博”

内测版，成为门户网站中第一家提供微博服务的网站。中国微博开始进入蓬勃发展时期，一些门户网站开始纷纷推出自家的微博产品。国内微博市场明显升温，而且发展速度惊人。2010 年被称作中国微博元年。中国微博无论从用户范围还是影响力上都达到了前所未有的高度。多起新闻标志性事件都是首先在微博上引爆，然后逐渐扩展到传统媒体。微博以其快捷迅速广泛的即时交流特点，不仅更迎合了现代人碎片化生活背景下的心理交流需求，更使其在新闻报道方面具备无可比拟的优势，对传统媒体来说既是挑战也是机遇。在 CNNIC 最新公布的第 39 次《中国互联网络发展状况统计报告》中指出，2016 年，我国微博用户规模为 2.71 亿，较 2015 年增长了 4098 万，网民微博使用率较上年提升了 3.6 个百分点，达到 37.1%；2016 年，手机微博用户规模达到 2.41 亿，占所有微博用户的 88.9%，占到总体微博使用人数近九成[①]。庞大的用户基数和快速的增长速度，强有力地推动着中国微博的迅猛发展。

如今，综合门户网站、垂直门户网站、新闻网站等均有开通自己的微博平台，而电子商务网站、SNS 网

① 中国互联网信息中心：第39次《中国互联网络发展状况统计报告》，2017-01。

站等也纷纷开通了类似微博性质的应用。此外，还出现了很多的第三方微博发布工具，可以实现多个平台管理、定时发布或者个性化的便捷发布等功能。不仅如此，各大微博平台还在不断地积极开拓新应用和新功能，完善用户体验需求。例如新浪微博推出的微电台、微盘、微公益、微博桌面等；腾讯微博推出的微博天空、便签微博、微分析、开发者等。未来，微博还将有更多的应用和功能有待扩展和开发。由此可见，微博生态链正在逐步完善。随着科技的进步和技术的发展，发布终端越来越呈现多样化，必将进一步推动微博的发展，用户不仅可以通过个人电脑、智能手机、便携平板电脑等终端进行微博内容的发送和阅读，智能相机、智能电视等也将成为微博信息发布的终端。

三、国内主要微博平台

（一）中国微博的主要平台类别

（1）门户网站的微博产品。如四大门户网站微博：新浪微博、腾讯微博、搜狐微博、网易微博。

（2）垂直网媒的微博平台。如和讯财经微博、搜房微博、摇篮微博、51CTO 微博等。

（3）SNS 网站的微博应用。如人人网、开心网、豆瓣网、蘑菇街等。

（4）独立微博。如饭否网、做啥网、随心微博等。

（5）第三方微博发布平台（多微博同步管理工具）。例如皮皮时光机、微博通、玛撒网、Fawave 等。

（二）国内重要的政务微博平台

1. 新浪微博

新浪微博是由新浪网推出的一款微博客产品，旨在为大众提供娱乐和交流的平台，提出口号“随时随地分享身边的新鲜事儿”。新浪微博于 2009 年 8 月 14 日开始内测，后逐步添加了 @ 功能、私信、评论和转发等功能。新浪微博可上传图片、发布长微博，用户可以通过网页、WAP 页面和手机短信、彩信等多种途径发布信息，此外用户还可通过 API 用第三方软件或插件发布信息。新浪微博采用了与新浪博客一样的推广策略，即邀请明星和名人加入开设微型博客，并对他们进行实名认证，认证后的用户在用户名后会加上一个字母“V”（认证个人字母 V 为黄色，认证企业字母 V 为蓝色），以示与普通用户的区别，同时也可避免名人微博被冒充的行为，但其微博功能与普通用户是相同的。公众名人用户众多是新浪微博的一大特色，目前已基本覆盖大部分知名文体明星、企业高管、媒体人士甚至政府类微博。

新浪于2016年12月发布了其微博用户的最新数据，截至2016年9月30日，微博月活跃人数已达到2.97亿，较2015年同期相比增长34%；其中9月份移动端在MAU总量中的占比为89%；9月的月活跃用户达到1.3亿，较去年同期增长32%[①]。

2. 腾讯微博

腾讯微博是由腾讯公司推出的一个提供微博服务的类Twitter网站，于2009年10月启动开发、2010年4月开始内测，采用好友邀请制，将QQ用户引流到腾讯微博中来，用户基础庞大。腾讯微博的口号是“你的心声，世界的回声”。用户目前可以通过网页、手机、QQ客户端、QQ空间以及电子邮箱等途径使用腾讯微博。腾讯微博逐步开发了许多产品与服务，如本地上传视频的功能，来自优酷、土豆、凤凰视频、56等网站的视频可直接播放；开放式上墙服务，一般企业在

① 微博数据中心：《2016微博用户发展报告》，2016。

有电脑和投影仪的情况下也可以在自己的活动中用腾讯微博上墙；腾讯微博开放平台，是基于腾讯微博系统，为广大开发者和用户提供的开放数据分享与传播平台。接下来，腾讯微博新的产品和应用将不断开发并推出。

3. 搜狐微博

搜狐微博是由搜狐网推出的提供微博客服务的网站。2010 年 4 月 7 日，搜狐微博客产品“搜狐微博”上线正式公测。用户可以通过网页、WAP 页面、第三方应用和手机短信、彩信等发布消息，名人认证表现为一个“√”。虽然搜狐微博是一个微博客服务，但却打破了其他微博对于字数限制的传统，并允许微博附带图片。搜狐微博的口号是“来搜狐微博看我”。

搜狐微博正在尝试打通搜狐各产品线，如博客、社区、搜狐焦点、校友录等，试图进一步发挥搜狐的矩阵优势。

4. 网易微博

网易微博于 2010 年 1 月 20 日正式上线内测，是最继承 Twitter 简约风格的中国微博，无论是从色彩布局，还是整体设计上，都可以找到点 Twitter 的感觉。交互上，网易微博摒弃了新浪微博回复提醒的烦琐功能，相比于新浪微博的评论内嵌，网易微博采用了 @

的形式进行用户之间的友好交流。网易微博的口号是"做有态度的微博"。

5. 人民微博

人民微博是人民网自主研发的微博产品。于 2012 年 2 月 1 日正式对外开放公测，人民微博也是中央重点新闻网站推出的第一家微博客。人民微博不但具有信息分享、新闻推送、手机和即时通信工具绑定等基本的微博客功能，还支持与强国论坛等人民网互动社区的内容互通。人民微博开辟的"民意通""记者圈""牛媒体"等特色栏目，彰显媒体特性和互动特点。其中，"民意通"聚焦各部委和地方党政官员的微博，旨在打造继强国论坛、地方领导留言板之后，人民网又一具有网络问政特色的优质平台。"记者圈""牛媒体"囊括了所有加入人民微博的媒体和记者。

第二节　微博生态环境分析

作为自媒体时代新兴媒体的典型代表，微博一经问世便展现出其独特的传播价值。从微观角度分析，微博与博客、SNS等现代网络媒体组成自媒体生态系统，同时，它作为新兴媒体，与传统媒体存在着千丝万缕的联系。从宏观角度分析，微博所在的媒介传播系统和社会大系统之间无时无刻地进行着各种物质、信息和能量的交流与互动。本文主要从以下四个方面分析微博发展所面临的媒介生态特征。

一、种群生态环境

在生态学中，种群是指在一定空间范围内同时生活着的同种个体的集合群，是生态系统中生物组分的基本单位[①]。媒介生态系统作为一个系统，有其自身的运行规律和特点，微博虽然是新兴的媒介种类，它同样要遵循这些媒介生态运行的规律。

（一）传统媒介群与新兴媒介群

网络技术和信息技术的飞速发展，使传统的新闻传播格局发生了根本转变。在这些技术出现之前存在的媒体往往被人们称为传统媒体，以网络和信息技术

---

① 邵培仁：《媒介生态学》，中国传媒大学出版社2008年版，第82页。

为核心发展起来的媒体往往被人们称为新兴媒体。其实，这两者之间也不是截然分开的。传统媒体现在也越来越多地采用信息网络技术，不断寻求超越和升级；网络新兴媒体的一些传播方法和编辑理念更多的是对传统媒体传播方法和理念的一种继承和创新。但从媒介形态的角度看，这是两个不同的媒介集群，两个集群之间是一种互动和共生的关系。一方面，微博等新兴媒介更多地发挥着制造话题、发起报道的信息源作用，传统媒体对网络信源进行确证，随后跟进报道，保证了微博信息发布的权威，对微博传播起着一种印证的作用。同时，传统媒体的报道大都经过严格的把关，传统媒体设置的议程，往往也是微博等自媒体转发和评论的对象，微博等媒体对传统媒体的报道也会起一种补充和证实的作用。从广告资源上看，对总量一定的广告资源，传统媒介和微博等新兴媒介面之间是一种竞争的关系。

（二）行业间的生态环境

目前，新兴网络媒介种类很多，如SNS、博客、播客和微博等。从微博的角度看，由于其具有兴趣内容消费平台的特质，与贴吧、豆瓣小组、天涯社区等诸多平台形成竞争关系；作为内容分发平台，内容从生产到消费的过程，内容生产方和内容消费者，微博与微信并没有本质差别; 2015年,引入个性化推荐之后，微博与今日头条、一点资讯、天天快报、网易新闻客户端等个性化新闻客户端直接竞争；微博、微信、贴吧等兴趣类客户端和新闻客户端越来越趋同，它们正在成为一个应用内容：内容消费平台。如今，微博与许多 APP 构成用户争抢关系，这让微博面临更大的压力。据 2017 年 5 月微博公司公布的截至 2017 年 3 月 31 日的第一季度未经审计的财务报告显示，2017 年 3 月的月活跃用户数(MAU)较上年同期增长 30%, 至 3.40 亿，其中 91% 为移动端用户；2017 年 3 月的日均活跃用户数（DAU）较上年同期增长 28%，至 1.54 亿。展望未来，微博有望继续保持强劲增长势头，并将进一步优化微博分享、发现和消费信息的竞争力，特别是在移动、社交和视频的场景中[①]。

（三）行业内的生态环境

微博发展的历史虽然很短，但发展速度异常迅速，

---

① 《微博发布2017年第一季度财报 净利润同比增长561%》，载于腾讯网，2017-05-16，http://tech.qq.com/a/20170516/040520.htm。

其发展规模和体量膨胀速度也很惊人。目前经营微博的主要网站有新浪网、网易网、搜狐网、腾讯网、凤凰网、人民网和新华网等。前四个网站主要是商业化网站，后两个网站带有官方和政府的背景，这就决定了微博的定位不同，各有各的特点。

2009 年 8 月，新浪微博开始内测。在推广上，新浪微博邀请名人开通，以名人效应吸引受众开通微博。这种以名人效应带动微博发展的模式成为新浪微博的重要特征之一。网易微博不同于新浪微博，主要走平民路线，强调网站价值中立，以自身独立的价值取向吸引草根网友。搜狐微博有点仓促上阵，更多的是跟进，没有自身的特点和定位，其发展主要得益于搜狐网站本身的影响力。腾讯微博发展相对新浪较晚，但其庞大的 QQ 资源为其发展提供了可靠的用户保证，发展异常迅速。凤凰网微博继承了凤凰卫视的传统，走的是高知和中立的路线，其本身集中了大批知名记者、评论员等，这部分人员多是高素质、高学历人员，是凤凰网发展的宝贵资源。人民网则拥有比较高的政治权威性，不仅有人民网独特的信息资源，而且“人民微博”还可以吸引到大量的政治人物或是政府部门。这些资源是凤凰网和人民网的核心竞争力。

二、政策法制环境

传统媒体最先实行的国有体制，虽然大多实现了媒介企业化、集团化运作，但政府主导的色彩很浓，很多媒体一直就是政府主办的，采取是的事业管理体制。微博则不同，除了人民网微博和新华微博具有官方背景外，其他的新浪微博、腾讯微博等都是企业性质的，所有制上都是私有，即便是人民网采取的也是企业化运作机制。

虽然目前中国没有成文的新闻法，但对新闻媒介的规定、制度并不少。但是这些规定、制度更多地体现在传统媒体上。微博作为新兴的网络媒介，由于政府对其特点和发展规律还没有完全弄明白，立法远远滞后于微博实践的发展。目前，我国有关互联网管理的行政法规和部门规章有 20 多部，但还没有一部有关互联网管理的全国性统一的法律，传统媒体时代依靠行政命令调控媒体勉强能行得通，因为产权、人员编制和经费来源基本上都是国家的，比较好控制。但对微博而言，发布微博的主体变得异常复杂和多样，除了具有传统媒体背景的专业新闻网站，还有大型的商业性门户网站和公民个人等。对于这些主体发布新闻、发表评论的行为进行管理，单一的行政命令行不通了，亟须一部统一的法律对各种传播主体的权利和义务、媒介产权归属等进行明确规定。大家只有在明白规则的情况下，才不会去打“擦边球”，才会遵守专业操守。比如，当今的商业性门户网站没有时政新闻采访权，个人无法进行新闻采访，导致微博更多地关注娱乐新闻，而为了吸引眼球的过度娱乐往往会导致媚俗。“对商业门户网站新闻采访权限制已经意义不大，逐步放开商业网站采访权，将其纳入到日常的新闻管理之中更有利于对网络新闻的管理①。”对于网络意见领袖的管理也是一个崭新的课题，一个微博关注人数超过 100 万的人气博主，其影响力和一个小型报刊相当。从某种意义上讲，自媒体影响力超过一定度量实际上就转变成了公共媒体，那么这种自媒体的言行就不仅仅是个人言论自由的问题了，如何在法律上对其进行规制和引导是一个值得深思的问题。针对网络虚假新闻，有学者提出了事前审查、事后补救、过程监控和健全惩罚机制的举措②，一定程度上为完善网络新闻动态监控开出

---

① 周群：《国内商业门户网站新闻来源状况调查——以新浪、网易为例》，载于今传媒，2012-03。

② 李立威、王晓红：《网络虚假新闻的来源、传播路径和治理机制》，载于《新闻与传播研究》，2011-03。

了药方。

三、经济环境

无论哪一种媒介要想在社会上生存下去，都需要一定的经济资源来维系，同时其本身也作为一种经济资源而存在，不断地通过出售注意力资源创造着经济价值。微博也不例外。运营商对微博依存的网站的运营和维护需要资金支持，同时作为微博个体，其运营和维护同样需要耗费时间和人员精力。这些都是微博运营的成本，有了这些投入才能支撑起微博的正常运行和发展。同时，微博尤其是名人等影响力较大的微博具有较高的知名度和美誉度，是一种稀缺的广告资源，如果经营得好，还可以产生客观的经济价值。而且，由于传统广告经常会有虚假成分和夸大成分，导致受众对传统媒介广告的信任度降低，反而对同是受众的微博用户更加信任。这是微博广告营销的优势所在。

纵观整个媒介市场，传统媒介的广告份额增长缓慢，甚至出现了下降的趋势，而以微博为代表的新兴媒体广告份额越来越大，大有超越传统媒体之势。但是，和传统的媒体或者网站等网络媒体相比，微博的广告营销还处于初始阶段，目前微博营销的手段比较单一，其对广告市场的占有率还比较有限。在微博上寻找消费者或是潜在消费者，除了可以直接采取搜索的方式外，还可以通过标签、话题、微群等方式来进行。目前，还有很多软件设计公司专门推出了微博搜索软件，可以更方便地寻找到目标群体。当然，寻找到目标消费群体只是第一步，如何针对目标消费群体展开广告、营销推广则是需要进一步思考的。从整体生态环境上看，企业在微博上的投入越来越大，但是营销手段比较单一，且各家之间的手段同质化倾向非常严重，也很难调动起消费者的积极性。

作为一种广告媒介，微博具有较好的传播价值，同时微博还可以作为一种经营平台。由于微博操作的便捷性，微博用户可以将其作为一个对外展示的窗口，依靠这个窗口来开展相关经营业务。如 @ 快书包，就是将微博作为经营的“终端”。消费者可以在 @ 快书包的官方微博直接下单，完成交易。此类业务节省了渠道的费用，且方便快捷，未来将会带动大量同类型企业的出现。微博的这种经营平台作用超越了微博的媒介属性，是一种可供开发的可观的经济资源。

四、受众环境

和报纸、广播、电视等传统的大众传播媒介相比，微博的传者和受者之间的界线不是十分明确。微博具有简短、反馈及时的特点，很多情况下微博的传者也是受者，微博发布者是作为传授的统一体而存在的。分析微博的受众更大程度上是分析微博主体，传统媒体的议程设置理论、框架理论等在微博上发挥作用的形式发生了变化。传统媒体由于其有严格的把关标准，受众接受的信息是经过严格过滤的，而微博发出的信息很少接受第三方的把关（当然有些网站对微博发布进行延时审查），传统的媒介把关人理论在微博时代只能依靠微博发布者自身的自律来实现。传统的媒介可以通过新闻策划来设置议程，对受众施加影响，而微博对受众的影响更多的是通过个人传播来进行，微博设置议程较多的往往是一些活跃的意见领袖。意见领袖的作用在微博时代得到进一步放大，成为传播的关键影响因素。传统的框架理论在人人都是麦克风的时代，几乎失去了作用，微博可以看作个人的传声筒，众多的媒介主体对传统媒体报道的新闻事实起着一种补充和纠偏的作用，微博发布者既是媒体的受众，同时也参与新闻创造和评论，是新闻的生产者。

绝大多数大众通过“新闻”去了解身外世界，人的行为已经不再是对客观环境及其变化做出的反应，而是对新闻机构提示的某种“拟态环境”的反应。美国著名报刊专栏作家李普曼在其著作《公共舆论》一书中首次提出“拟态环境”的概念：“拟态环境并不是真实环境，是人们在真实环境中做出反应时，对真实环境进行重构而形成的影像。它含有真实的成分，并不是完全虚构的环境；但是人们在行动的时候，则将其当作真实的环境[①]。因而，“拟态环境”并不是对客观环境的再现，只是一种“象征性的环境”。微博的公开性、便利性等特点使其很快成为网民获取信息、发表言论的首选。由微博构成的拟态环境也具有一定的倾向性，这种拟态环境一旦形成，将对人们的日常生活造成重要影响。由于微博的用户草根性强，由微博形成的拟态环境呈现出浓厚的围观氛围、关注视野的窄化、意见领袖的娱乐化等特性，这样的拟态环境不仅制约人的认知和行为，而且通过制约人的认知和行为来对客观的现实环境产生影响。

---

① [美]李普曼，阎克文，江红译：《公众舆论》，上海人民出版社2006年版。

第三节　微博的特点

一、微博本身的特性

及时性：微博可以随时随地发布和更新信息，不受时间地域的限制。微博网站的即时通信功能非常强大，特别是在各种突发事件中，微博可以通过文字、图片，甚至视频（将视频发在视频网站上，然后在微博中添加链接即可，也可以直接录制）向网友发布现场信息，这些甚至成为传统媒体记者新闻报道素材的信息源。

原创性：微博主首先要注册微博账号，然后才能发布内容。微博一般以140个字显示为限，微博主以简单干练的语言或叙事或抒情或质疑或提出建议，内容和形式都独具个性，原创性凸显。微博的出现满足了人们对于媒体个性化的需求，因而吸引了不少网民加入。

广泛性：微博对于注册用户没有年龄、性别、身份、民族、喜好等各方面的限制，因此小学生、各领域名人，甚至政府政要都可以注册微博账号并发表内容。人们只用简单的几句话即可传递信息、表达感情、展示生活的多彩。当然，专家、明星等由于受关注度高，其影响力也必然强。

单向性：微博的关注功能具有单向性的特点。微博可以看作一个自媒体平台，每个人都可以成为信息源，关注者可以第一时间了解被关注者的动态，及时看到被关注者发布或者转发的资讯内容。而关注是关注者的个人行为，被关注者无法控制。

碎片化：随着智能手机、平板电脑等移动终端的普及，人们上网时间也越来越呈现碎片化的状态，单次上网时间短、信息琐碎、用户发布内容不可预见且不可控制等都决定了微博碎片化的必然特征。

二、微博的信息特点

（一）SoLoMo的来源和定义

1. 来源

2011年2月，被誉为“风险投资之王”的约翰·杜尔（John Doerr）将时下最热门的3个关键词：Social（社交）、Local（本地化）和Mobile（移动）整合在一起，第一次提出了 SoLoMo 概念[①]。事实证明，SoLoMo 模型被大量应用到当今的互联网行业各个领域。

2. 定义

顾名思义，SoLoMo 即 Social（社会化）——通过构建关系形成信息交流、Local（本地化）——基于位置产生并触发信息交流、Mobile（移动化）——基于移动终端设备产生的信息交流。

（二）微博的SoLoMo特性分析

微博作为时下热门的社会化媒体，兼具媒体属性和社交属性，做到了将 social、local 以及 mobile 的完美结合。

1. Social——通过构建关系形成信息交流

微博通过构建三种关系，即社会关系、知识关系以及商务关系，形成信息交流。首先，社会关系是指因人的社会身份、兴趣爱好等产生的关系，是社会化环境里最重要的信息扩散及收拢的驱动关系。利用社交关系产生的信息均建立在良好的信用度之上，信息传达效率更高。例如：朋友、同学等在微博上发生的

---

① 邱力力：《来自SoLoMo的营销机会》，载于《电脑报》，2011-08-15（5）。

社交活动就属于社会关系的延伸；同样喜欢摄影的两个人在微博上产生的互动也是基于这种社会关系。其次，知识关系是指为满足人在社会化进程中的信息需求而产生的关系，它是帮助企业、组织、政府机构等和公众之间建立了解的基本内容之一。传统的广告、公关等都是基于知识关系送达的做法，要求全面而真实。再次，商务关系是指因人和人、人和组织达成契约行为产生的关系，它是产生社会互动、交换的基础，是商业环境的根基。企业和用户、合作伙伴、上下游等都存在不同类型的商务关系。在微博上，个人、企业、组织、政府机构等之间的社会化活动都是基于这三种关系而存在的。

2. Local——基于位置产生并触发信息交流

首先是本地化。因地域化、个体化以及发布平台的不同，内容呈现差异化。其次是区域化。因个体和区域差异而产生的信息，对整体大局和舆论环境产生影响。

3. Mobile——基于移动终端设备产生的信息交流

首先是实时性。移动互联网技术普及，用户可对当时、当下发生的事件、信息和所思所想进行实时直播。其次是碎片化。单次上网时间短、信息琐碎性和用户信息发布的不可预见性，使得微博不可控，呈现碎片化特点。

三、微博的传播特点

以传播速度为衡量的信息传播的三个阶段为即时响应、综合响应和深度响应。即时响应表现为迅速、即时的传播，综合响应表现为多角度、图文并茂的综合传播，而深度响应则表现为在对事件有深入透彻研究的基础上的传播。这三个传播阶段在微博上都有充分体现。

案例 山西安监局局长杨达才事件

2012年8月26日，包茂高速发生致36人遇难的重大交通事故，处理现场，陕西一官员面带微笑的照片一时被舆论关注。有网友称，官员为陕西省安监局局长杨达才。随后网友又找出其在各种场合所戴手表，在网上引起热议。

1. 即时响应的内容形式为信息和观点的直播，传播特点是反应快、报道灵活、互动及时。例如事件当事人微博、目击者微博等。在杨达才事件刚出现的时候，首先上传杨达才在特大车祸现场微笑照片的微博，并被网友称为“微笑局长”，这里便表现出微博即时响应的特征。

2. 综合响应内容形式为综合阐述/分析事件，内容形态丰富、信息量大且波及范围广泛。传播特点是表现形式多样、各类信息的整合、各平台媒体的综合报道。例如平面媒体官方微博、网络媒体官方微博等。“微笑局长”事件继续升级，被网友人肉搜索出详细信息，一些网络媒体官方微博也开始梳理事件脉络发布长微博。

3. 深度响应内容形式为深度挖掘事件意义背景、专题采写，传播特点是长时间和深入跟踪报道，影响大、范围广。例如资深媒体微博、微博热点、微话题等。事件发展到后期，从“微笑”到“手表”“眼镜”“腰带”等传播内容逐渐扩大，一些资深媒体微博等开始深入解析事件背后所隐含的“廉政”问题，微话题也在较长一段时间内将此事件置于舆论热点讨论之中。

第三章 政务微博发展现状

遵循习近平总书记系列重要讲话精神和指导方针，近年来政务微博在实践层面取得了突飞猛进的发展成就。面对微博空间日益增多的民意诉求表达，全国党委政府锐意进取、谋势而动，越来越多地借力政务微博，走到了直接触摸民情、面对民意的“服务前台”。政务微博已经成为治国理政的重要“听诊器”和政民互动最直接的“接诊台”。微博自身也由初始基础性的社交功能和媒介属性，演绎并拓展为“互联网+社会治理”的平台和工具属性，政府施政环境发生深刻变化。[①]

① 中国传媒大学媒介与公共事务研究院、新浪微博数据中心：《2016年中国政务微博矩阵发展报告》，2017。

第一节 政务微博的概念和特点

一、政务微博的概念

对于政务微博，至今没有明确统一的定义。安徽省委党校崔学敬认为，政务微博就是政府部门及其官员开设的主要用于倾听人民心声、诉求，排解与政府管理有关的实际问题，传达党和政府的声音、及时公布相关数据和事件，从而进行网上知晓、网下解决问题的相关微博[①]。

而复旦大学刘璟则将政务微博界定为代表政府机构和官员的、因公共事务而设的微博。《中国政务微博研究报告》主笔、复旦大学新闻学院传播学博士张志安认为，政务微博最为根本的，是具有多向互动功能，“以去中心化传播和开放式网络形成的平等关系为基础，微博中的政府、官员与普通百姓不再是简单的‘施’与‘受’的关系，相反其角色是灵活的：微博之于政府，是低成本发布信息、塑造形象和获悉民意的工具；微

① 窦宝国：《我国政务微博的发展现状、存在问题及对策建议》，载于《当代社科视野》，2012年第3期，第15页。

博之于民众，则是迅捷获取政务讯息、表达诉求和政务监督的管道[①]。”“新华网评”栏目在“政务微博新观察”系列网评中认为，应当从政府职能、网络特性、微博特点等多角度考量，“问政、回应、服务、动员”八个字更适于作为政务微博定义的“关键词”，也应该成为其定位[②]。

本文讨论的政务微博，特指中国政府部门及其官员因公共事务而开设的官方微博账号。从本质上讲，它是利用新的信息化手段、借助新媒体武装政府、优化丰富政府为人民服务能效，以更加及时有效地指导科学发展、推进政府工作，提升政府绩效的特殊平台。政务微博在社会管理创新、政府信息公开、新闻舆论引导、倾听民众呼声、树立政府形象、群众政治参与等方面起到了积极的作用。

二、政务微博的特点

政务微博作为政府在互联网上的一个窗口，它所

---

① 刘璟：《“微博问政”：昙花一现，还是民主参与的契机？》，载于《社会科学报》。

② 温馨：《政务微博，向左？向右？》，载于新华网，2013-01-14，http：//news.xinhuanet.com/comments/2013-01/14/c_114357203.htm。

承载的功能和使命与其他微博有所不同，而且随着用户基数的越来越庞大，它也在不断呈现出新的特点。

（一）传播主体具有官方性

政务微博的定位与一般微博不同，它是政府机构或者官员为了提升工作透明度和公信力、加强与公众互动交流、展示地方或部门特色而在互联网上建立的官方网络互动平台。通过政务微博发布信息、表达意见和处理问题的情况，在公众眼中将直接代表该单位、该部门在具体事务中的作为和态度。这是政务微博与一般微博最大的不同之处。尤其是官员微博，兼具个人微博和政务微博双重属性。对此，清华大学公共关系与战略传播研究所社会化媒体实验室高级研究员侯锷曾表示，“官员通过其个人微博所展示出的倾向性、价值观与理念、观点与内涵、人格力与影响力，在很大程度上强化和带动着公众对其身后政务职能部门的关切、信赖和情绪，这种综合认知并将最终移转为政府的整体形象。”官员微博的身份与角色的双重性，决定了他们在涉及政务话题探讨时，身份的特殊性自然会被微博“放大”为官方执政者的理念和观点，因此政府机构和官员在应用政务微博时言辞和态度必须慎重[①]。

作为首位微博粉丝过百万的政府官员，时任中共浙江省委组织部部长蔡奇表示，“官员开博虽属个人行为，但总是与官员身份分不开。如果不注意身份，随意乱说一通，甚至违背职业上的保密要求，那势必造成不良影响甚至严重后果。因此，要对自己的微博负责，发前多推敲。对容易引起争议的敏感话题，要谨慎稳当，以免被动[②]。”

（二）传播媒介具有互动性

微博的一大特点就是互动，这也是政务微博与政府一般信息发布的不同之处。过去民众通过政府网站、报纸等第三方媒介渠道被动了解信息事件，而政务微博则是越过第三方，基于微博平台实现了政府和网民间的直接沟通。这种面对面的交流，不再是单向的传播，更主动有效，极具直观性，也便于网民对细节进一步了解和把握。2012 年国庆节后，公安部发布新版《机动车驾驶证申领和使用规定》，加大了对交通违法行

① 李烨池：《官员微博：代表个人还是官方？》《载于《羊城晚报》，2011-12-05，A8版。

② 佚名：《地方政府政务微博如何“织”？》，载于《半月谈》，2011-12-26。

为的处罚扣分力度，规定酒驾扣 12 分、遮挡污损号牌扣 12 分、闯红灯扣 6 分，此举引发热议。@ 交通安全微发布、@ 警民直通车 - 上海、@ 交警大刘等数千公安微博对网友关注的新规内容从制定背景、国内外经验甚至单条细则等方面进行了全面解读，@ 江宁公安在线还对网友误读的内容进行了纠正，两天之内被转发三万多次[①]。公安微博此举受到广泛认可。政务微博能够主动把党政相关信息或处理态度推送到每一个网友和公众面前，不仅拉近了政府与网民的距离，而且切实起到了为民解惑、分忧的作用[②]。

与传统的信息发布方式相比，政务微博更具有人性化的亲民特点，在很大程度上要担负起跟网民情感沟通、交流互动的责任。民众对政务微博的满意不满意更多的是体现在坦诚交流、充分表达、倾听谅解的互动过程中。成功的政务微博，往往是在充分发挥微博“短平快”传播优势的同时，借助微博回复、关注、转发等功能，打造成交流活泼、互动活跃的党群、政

① 余飞：《政法微博发展迅猛“微”言成大义》，载于《法制日报》，2012-11-30，04版。

② 董立人：《发挥政务微博在创新社会管理中的作用》，载于新浪网，2013-01-23，http：//vip.book.sina.com.cn/book/chapter_225298_276735.html。

群对话平台[1]。在新浪微博上拥有500多万粉丝的陕西省公安厅副厅长陈里在接受记者采访时表示，借助政务微博，解决群众问题，忌讳刻板的文件语言、程式化的会议讲话，避免网民对管理者心生抗拒、敌意和戒备，才能真正了解民意，使政务微博发挥更大作用[2]。

（三）传播途径具有及时性

由于微博传播的即时、互动特性，越来越多的负面信息出现在微博等社会化媒体上，也终结在微博平台上。清华大学公共关系与传播战略研究所曾在微博上组织过一项题为“什么样的政务微博您乐于接受”的网络调查，70%的网友选择了“舆情发布：对突发事件给出事实真相说明[3]”。这说明，公众对政务微博最大的期待还是突发事件后的新闻发布，以满足其知情权。政务微博作为党政部门社会管理和服务的一部分，如果信息不能及时更新或回复，错过黄金处理期，

---

① 刘瑛、薛刚：《关于政务微博应用的探讨与研究》，载于《中国信息界》，2012-06。

② 桂杰：《政务微博如何“转文风”》，载于《中国青年报》，2013-02-17，4版。

③ 桂杰：《政务微博如何“转文风”》，载于《中国青年报》，2013-02-17，4版。

官方准确信息出现真空，就容易导致谣言四起，一旦论格局形成一面倒的情势，就很难再改变[①]。2012 年春节期间，微博用户罗迪发布微博称朋友一家三口在三亚吃海鲜被宰。该微博引起网友的热议，在这个最需要政府信息及时沟通的时候，三亚市政府新闻办的微博放假不办事，从 1 月 21 日至 28 日停止更新，直至 29 日“节后上班”才迟迟发博回应。此时这条微博在网上已被转发 4 万多次，已给三亚城市和政府形象造成很大的负面影响[②]。现在的政务微博是以移动网络等信息技术为依托，以体现信息传达与接受的及时性。政务微博对于网民的诉求能够及时处理、有效回应，这才能真正体现政务微博或者说政府对人民负责的本质。因此在遇有突发事件或重大问题出现时，政务微博切忌拖拉等待，唯有正确及时应对，才能引导舆论向积极健康的方向发展。

（四）传播内容兼具权威性和灵活性

当今社会，公众对政府信息的关注度空前高涨，

---

① 刘瑛、薛刚：《关于政务微博应用的探讨与研究》，载于《中国信息界》，2012–06，第18 ~ 20页。

② 毕秋敏、张名章：《政务微博应用的若干问题探析及发展思考》，载于《今传媒。2012–06，第16页。

及时获得准确的信息成为公众的普遍需求。微博平台为政府信息发布创造了良好的环境。首先，政府可以比较主动、自主地发布日常工作汇总信息，利用微博等先进的信息流通技术将政府应该公开的涉及百姓关心的政治、经济、文化、安全等各方面工作情况以及有关国家法规、政策等在网上进行定期的发布，让人民群众了解相关政府的职能、政策与服务。其次，在一些突发事件中，政务微博应即时将事件的实际情况、现场第一手材料第一时间向网民发布，对于流言和谣言要及时做出回应或澄清，避免网络不实信息的产生与传播。政府的权威性决定了政务微博所发布的信息的权威性，这是其他微博所不能企及的。

在政务微博中，虽然政府的指令性和解释性信息占据了很大的比例，但是政务微博不但能够满足政府机构发布信息的功效，还是一个政府和群众有效沟通的桥梁，大量以互动式便民式为主旨的政务微博相继出现。例如，微博账号“上海发布”推出“早安上海”“上海新闻”“午间时光”“灯下夜读”等栏目，组织微访谈、微活动、微调查，链接“中国上海”门户网站和上海市人民政府新闻办公室官方网站，努力为公众提供即时的信息服务。2011 年 12 月 3 日，“上海发布”针对菜农卖菜难的问题，在微博上呼吁市民周末买些卷心菜，帮帮菜农[①]，体现了政务微博在民生方面的重视。

第二节　我国政务微博发展概况

中国传媒大学媒介与公共事务研究院、新浪微博数据中心最新发布的《2016 年中国政务微博矩阵发展报告》中指出，当前，随着“网络强国”国家战略的实施和纵深推进，在互联网新媒体领域，微博作为社会化参与、传播与聚合的典型公共社交应用，已成为全球最大的中文社交媒体，也是当前中国新媒体族群中无可替代的第一大社会公共舆论场。

2016 年 8 月 12 日，国务院办公厅发布了《关于在政务公开工作中进一步做好政务舆情回应的通知》(以下简称“61 号文件”)，强调并重申“各地区各部门要适应传播对象化、分众化趋势，进一步提高政务微博、

① 邹娟：《“上海发布”吆喝卖菜》，载于《东方早报》，2011-12-04，A02版。

微信和客户端的开通率，充分利用新兴媒体平等交流、互动传播的特点和政府网站的互动功能，提升回应信息的到达率。”

“61 号文件”首次创新使用“政务舆情”一词，透视出国家治理对于来自网络空间的“网络舆情观”的重大理念升级。即赋予了“舆情”在社会治理层面的紧密关联性：“网民”的背后是“公民、市民”，“舆情”的背后有民生，民生的背后是政务服务，从而贯通了从“舆情”到“政务”的政府主导责任和主动担当意识。

一、发展现状

（一）数量迅猛增长

目前，在新浪网、腾讯网、人民网、新华网等网站上进行实名认证的政务微博账号，按照发布主体分主要有党政机构微博和党政公务人员个人微博两大类。党政机构微博泛指可以代表一级政府机构或部门，其内容与政务密切相关、具权威性的官方微博，包括各级党委、人大、政府、政协、纪委、人民法院、人民检察院及其工作部门和机关内设机构以及其他参照公务员法管理的人民团体和事业单位开通的实名认证微博客。党政公务人员个人微博是指政府官员与公务员以个人身份开通的微博。在早期政务微博中，党政公务人员个人微博数量占绝对优势；而伴随着微博影响力的日益扩大，党政机构微博数量则越来越多，这说明政务微博逐渐走向机构化和机制化。

上海交通大学新媒体与社会研究中心、舆情网发布的《2012 年中国微博年度报告》中显示，2012 年每天都有 100 多家官方微博诞生。如果说 2011 年是中国政务微博元年，那么 2012 年政务微博呈现井喷式发展，是政务微博的“普及年”。据新浪微博最新统计数据显示，截至 2016 年 12 月 31 日，新浪微博平台认证的政务微博已达到 164522 个，较 2015 年底增加 12132 个，其中政务机构官方微博 125098 个，公务人员微博 39424 个（如图 1）。

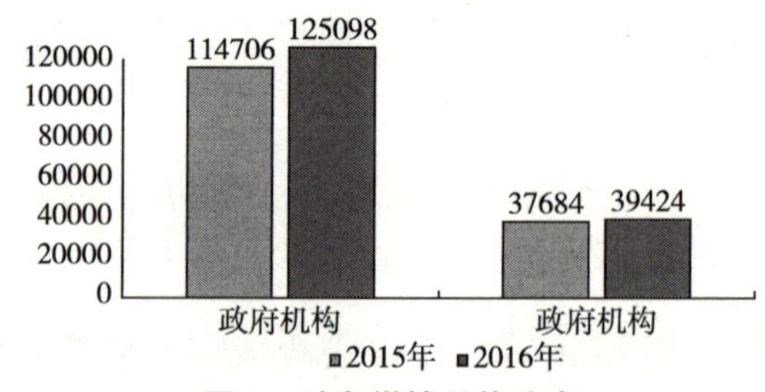

图 1　政务微博总体分布

来源：新浪微博，2016 年 12 月。

（二）部门分布均衡

目前，政务微博已经涉及包括政府、公安、交通、医疗卫生、市政、司法、工商税务、团委、招商、涉外、旅游机构等在内的各个政府职能单位，涉及的政府机构多、范围广，部门分布日趋均衡化。从政务微博涉及的不同层次来看，开通微博的政府职能部门以提供公共服务的部门为主。

截至 2016 年 12 月，依照微博被转发数排名，共青团中央排名首位，共被转发 848 万次。从领域来看，用户对政府、公安、司法信息关注度最高，前 20 名中，政府机构占 8 个，为占比最多的机构；其次为公安机构，前 20 名中占 5 个。从地域来看，北京市在 2016 年线上政务服务宣传工作中力度较大，拥有前 20 名中最多的政务微博，共 8 个，其次为河南省，共 4 个（见表 1）。

表 1　2016.01~2016.12 政务微博被转发数 TOP20

排名	微博名称	所在省份	领域	粉丝数	被转发数
1	共青团中央	北京市	团委	4517723	8481513
2	河南共青团	河南省	团委	965377	4528125
3	公安部打四黑除四害	北京市	公安	29903999	4301360
4	中国文明网	北京市	政府	286551	3557348
5	河南检察	河南省	司法	754548	3123158
6	上铁资讯	上海市	交通	1708572	2505123

续表

排名	微博名称	所在省份	领域	粉丝数	被转发数
7	辽宁公安在线	江苏省	公安	1954956	1227298
8	鼓楼微讯	江苏省	政府	5233540	1172224
9	最高人民检察院	北京市	司法	9309589	872848
10	深圳交警	广东省	公安	1626231	828038
11	南京人大	江苏省	政府	1797538	795274
12	最高人民法院	北京市	司法	15182902	747703
13	清风郑州	河南省	政府	1770900	693537
14	平安北京	北京市	公安	11945870	687509
15	中国地震台网速报	北京市	政府	5572206	658132
16	山东高法	山东省	司法	1611759	646742
17	公安部儿童失踪信息紧急发布平台	北京市	公安	440873	619882
18	成都发布	四川省	政府	6292304	619308
19	陇南发布	甘肃省	政府	151298	615085
20	清风中原	河南省	政府	2928526	614169

来源：新浪微博。

（三）地区覆盖广泛

政务微博地域分布规模扩大。截至 2016 年 12 月，中国大陆共有 31 个省、自治区、直辖市开通政务微博。其中，广东省共开通了 12707 个政务微博，居全国首位；河南省拥有政府机构微博 9630 个，为全国最多；北京市拥有全国最多的公职人员微博，共有已认证微博 4169 个（见图 2）。

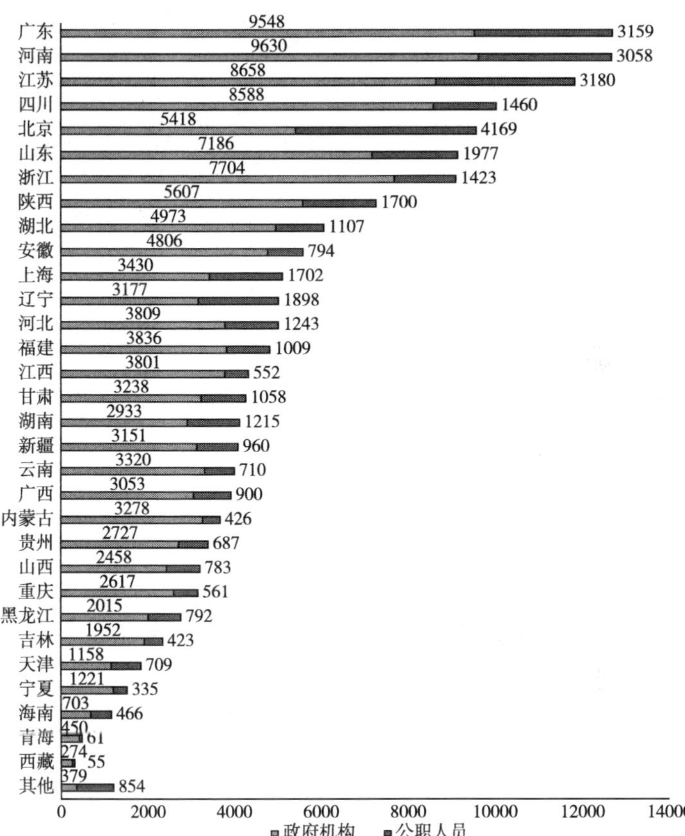

图 2 分省区政务微博分布

来源：新浪微博，2016 年 12 月。

（四）层级分布全面

我国政务微博的总体分布呈金字塔式，层级越高数量越少，层级越低数量越多，其中县处级以下机构和公务人员规模最大，这与基层党政机构和公务人员本身基数较大有关。目前，越来越多的高层政府机构开通微博，而基层微博蓬勃发展，这使得我国政务微博在结构上更趋合理。

截至 2016 年 12 月，主要包括政府、公安、团委、交通、司法等机构开设了政务微博。团委开设的政务微博数量最多，共开通 36494 个，其次为政府机构，共开通 36089 个。政府为开通政府机构类微博数最多的部门，数量为 33269 个，团委及公安开通公职人员类微博数较多，数量分别为 8385 个和 7828 个（见图 3）。

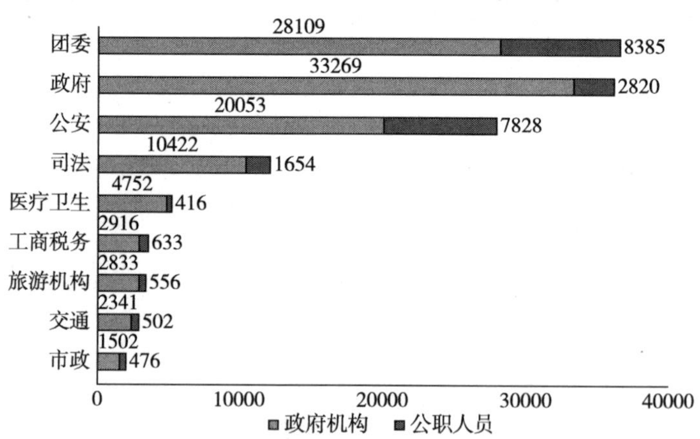

图 3　政务微博领域及人员分布[①]

来源：新浪微博，2016 年 12 月。

① 中国互联网络信息中心：第39次《中国互联网络发展状况统计报告》，2017–01。

二、发展特点

通过近年来持续对政务微博发展运营的紧密关注和调研观察，政务微博普遍性的管理运行现状及其表现和水准所反映出的一些新情况、新现象、新问题和新趋势，主要表现在以下四个方面。

（一）网友通过微博依然找不到身边的政府

2013 年 10 月 1 日，国务院办公厅发布了《关于进一步加强政府信息公开回应社会关切提升政府公信力的意见》(国办发〔2013〕100 号，以下简称“100 号文件”)。全文要求各级政府要“积极探索利用政务微博等新媒体”，“充分利用新媒体的互动功能，以及时、便捷的方式与公众进行互动交流”等。然而，许多地方的基层政务微博至今依然未开通，致使社会公众在突发性公共事件及社会热点事件面前，微博上“政府不在”的尴尬局面，从而导致党政部门权威、准确、公信的声音严重缺位失语。

（二）政务微博缺乏内部协同联动的运行机制保障

在当前已经开通的政务微博中，总体较多的依然是党委宣传系统的政务微博，而距离百姓民生更近的基层政府职能微博、公共服务窗口业务类的政务微博依然较少。与此同时，某些政务微博在互联网新媒体传播环境下，惯性地继续保持传统媒体时代的宣灌式的工作思维方式，将政务微博仅仅视作单向宣传的“大喇叭”，不愿甚或不屑与民意互动。当面对网民所反映的问题和诉求时，一些政务微博或漠视不理，或在互动中直接公开回应网民称“政务微博不受理民意诉求”来搪塞推诿。这种缺乏政务微博内部协同联动机制的表现，严重挫伤了党和政府在人民群众心中的公信力。

（三）不少基层政府单位并未践行“以人为本”工作思路

近年来，国务院不断加快推进“互联网+政务服务”工作，力求“以最大限度方便人民群众”。然而，当前一些基层政府在受理网民诉求的媒介渠道方面，依然固守于早期在政府网站平台开辟的网络问政平台，没有将渠道和通路延伸到社会化渠道，致使网民反映问题有时候需要专门注册相关专用账号来表达诉求，造成发现不易、查找困难、操作不便、程序繁冗的新困惑。对于随机性旅游观光、外来人口及短期临时驻留的网民表达诉求、寻求政府帮助而言，其知晓率、使用率和便利性就更低，从而形成新的民意“盲区”和“死角”。

（四）政务微博的“马太效应”持续加剧创新乏力

自我国多地党委政府积极顺应互联网新媒体发展潮流，应势而为，主动迎合民意期待并大胆“试水”开通第一批政务微博以来，从学会“卖萌”亲民，转变话语方式，到现今前沿领域的移动视频直播应用等，政务微博在发展中的创新就从来没有停止过。但“优而少”的政务微博，难以满足网民对“好又多”的政务微博的期待。民意所期盼的不是“物以稀为贵”的“明星政务微博”，而是可以随时随地移动便携、亲民互动、真诚沟通，并获取便捷高效服务、解决具体又实际问题的“民心政务微博”。[①]

---

① 中国传媒大学媒介与公共事务研究院、新浪微博数据中心：《2016年中国政务微博矩阵发展报告》，2017。

第三节　政务微博的功能

一、政府发布信息的主要平台

政务微博自媒体意识显著增强，政府部门已从过去的被动应对转为主动利用微博发布信息，政务微博正在成为继政府网站之后信息公开与新闻发布的第二大平台。尤其是自2011年10月之后，外交部、商务部、卫生部、国家发改委等国务院下属组成部门，国家林业局、国家旅游局等直属机构纷纷开通官方微博，目前在新浪微博上，20个国家部委及下属部门开通46个官方微博[①]。2012年11月9日，“国务院公报”以实名认证的方式在新浪开设官方微博，这标志着我国中央政府正式开始运用微博发布政务信息。“国务院公报”一上线就引发舆论关注，不到一天已有13万粉丝，截至2012年12月底，粉丝超过100万。

微博，一方面为政府信息的及时发布、快速传播

① 温薷：《政务微博“井喷”年增长231%》，载于《新京报》，2012-12-04，A09版。

提供了更好的条件和平台；另一方面，一些热点事件信息不断聚焦，对政府信息的及时准确发布提出了更高的要求[①]。目前，政务微博所承担的信息发布职责主要包括日常工作的信息发布、突发事件的信息引导以及重大事件中的信息传达。

首先，政务微博开拓了政务公开的新通道，弥补了通过政府网站和新闻发言人在电视、电台发布政府信息方面的不足，使政府发布的信息在弹指之间传向千千万万的网民大众，从而使更多的民众能够在第一时间了解政府公开的政务信息。其次，在重大事件及突发性事件发生时，如上海静安大火、郭美美事件等，相关政府机构如上海市政府、红十字会以及政府官员个人的微博等立即成为舆论关注热点。在这些事件中，往往在网络上会出现多种不同角度的信息，甚至于出现别有用心的谣言和非理性的言论，此时政务微博在微博辟谣、回应质疑等方面将承担更加重要的职责。再次，微博为在传统媒体时代没有直接媒体资源的大量党政机构提供了发声渠道。一旦网上出现突发舆情事件，党政机构可以通过政务微博第一时间发布权威

---

① 湖北人民政府：《政务微博：创新社会管理新工具》，载于湖北省人民政府门户网站，2012-05-24。

信息，主动介入突发性公共事件，将事件进展、现场第一手资料等第一时间向社会发布，并针对负面信息和未经验证的传言进行正面引导，避免网络谣言的产生与传播[①]。

案例 “外交小灵通”

“外交小灵通”是外交部新闻司公共外交办公室开设的官方微博，经过新浪的加V认证，2011年4月13日上线并正式对外发布信息，成为第一个部委级的官方微博。为适应新媒体发展，“外交小灵通”应运而生，成为新时代开展公共外交的全新手段。

1. 运营状况

截至2017年5月22日，“外交小灵通”粉丝746万多，发布微博7797余条。从内容方面看，发布的信息非常广泛，微博分类栏目包含出境提醒、外交动态、外交服务站、记者会微报等，原创比例较高。

在语言形式上，“外交小灵通”轻松活泼，一直被人津津乐道：象牙，你伤不起啊！近来，一些非洲国家加大了对非法捕杀大象和象牙交易的打击力度。外交部领事司提醒海外中国公民：严格遵守有关国家

---

① 人民网舆情监测室：《政务微博发展总结和预测》，载于新浪网，2012-12-03，http：//sx.sina.com.cn/city/csgz/2012-12-03/4808.html。

的法律和法规，切勿携带象牙或从事象牙交易活动[①]（2017-05-22）。

2. 主动介入危机处理

除了在日常沟通中发挥重要作用，“外交小灵通”也主动介入，为在境外遇到困难的同胞提供帮助。2012年3月，“中国小留学生困在马尼拉机场”事件中，“外交小灵通”快速反应，澄清中国驻菲使馆只有语音服务的不准确信息，并发布领事值班手机电话；此外，“外交小灵通”积极转发求助信息，外交部相关职能部门快速介入解决问题，紧急联络中国驻菲律宾使馆，使馆派领事官员赶到机场，帮助网友摆脱了困境；事件得到圆满解决后，“外交小灵通”还发布了特别提醒：“计划出境的童鞋，出境前千万别忘记了解出入境的相关规定哦！”并附上出入境注意事项和驻外使领馆领事保护应急电话的网页链接[②]。

---

① 王薇、张晓艺：《“外交小灵通”：新媒体环境下我国的公共外交与政府形象》，载于《国际展览》，2013-01，第31页。

② 金静：《外交小灵通危机显身手》，载于《北京晚报》，2012-03-13，34版。

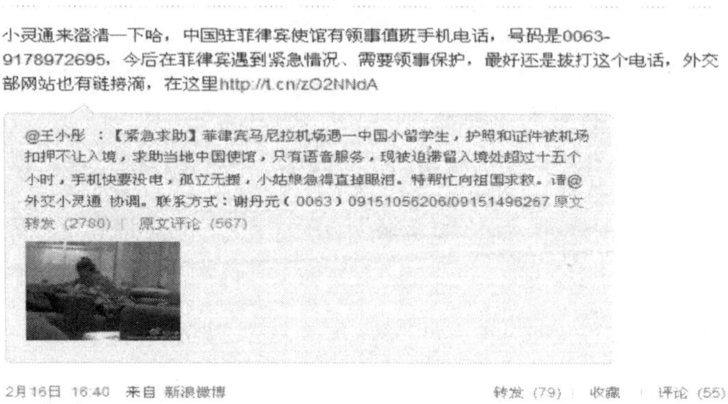

小灵通来澄清一下哈，中国驻菲律宾使馆有领事值班手机电话，号码是0063-9178972695，今后在菲律宾遇到紧急情况、需要领事保护，最好还是拔打这个电话，外交部网站也有链接滴，在这里http://t.cn/zO2NNdA

@王小彤 ：【紧急求助】菲律宾马尼拉机场遇一中国小留学生，护照和证件被机场扣押不让入境，求助当地中国使馆，只有语音服务，现被迫滞留入境处超过十五个小时，手机快要没电，孤立无援，小姑娘急得直掉眼泪。特帮忙向祖国求救。请@外交小灵通 协调。联系方式：谢丹元（0063）09151056206/09151496267 原文转发（2780）| 原文评论（567）

2月16日 16:40 来自 新浪微博　　转发（79）| 收藏 | 评论（55）

图 7　“外交小灵通”主动介入危机事件

3. 案例分析

地方政务微博更多体现“微博办事”、更多涉及具体业务，而部委微博更多体现“微博助政”。“外交小灵通”作为我国第一个部委微博，具备部委视角，内容发布更为专业，更为权威。透过“外交小灵通”可以看到我国中央部委政务微博运营的四个特点：1.功能定位与发展方向上，凸显微博助政，具备部委视角；2.运营组织与团队架构上，行政级别更高，团队纳入本领域权威专家；3.目标指向与内容设定上，锁定专业人士，体现政策把控；4.沟通姿态与语言风格上，体现亲民姿态和平等对话。

二、提供专业化、制度化、集群化的高速响应

当前，各地政务微博形成多种发展模式，各种管理使用规范也处在探索的初级阶段，正朝着制度化、规范化、专业化的方向发展，不少政府机构的政务微博由政府专业人员负责维护，同时政府出台了许多新的政务微博管理规定与考核办法，为本地政务微博的规范化发展提供制度和组织保障。例如，北京市制定了《北京市微博发展管理若干规定》、南京市出台了《关于进一步加强政务微博建设的意见》等。这些规定和办法有利于规范政务主体各方面协调运作，使政务微博进入平稳发展、务实应用阶段。只有建立健全制度保障，才能实现政务微博管理科学化、规范化运作①。

此外，集群化也日渐成为微博发展的一大趋势。公安系统微博、铁路系统微博等已经发展成为政务微博集群的领跑者。目前，公安微博已经在全国范围内形成了一定的规模集群效应，在维护社会稳定、案件侦破、改善警民关系等方面起到明显作用。而新推出的政务微博办事厅模式将促进政务微博集群化发展，

① 人民网舆情监测室：《政务微博发展总结和预测》，载于新浪网，2012-12-03。

使得原本孤立的政务微博得以相互配合、相互监督、相互促进。2011 年 11 月 17 日，北京市政府新闻办发起“北京微博发布厅”；2011 年 11 月 28 日，上海市政府新闻办正式发起“上海发布”城市政务微博群；2011 年 12 月 19 日，广州政务微博群在新浪微博正式上线。“北上广”三大一线城市搭建微博发布群，意味着我国政务微博发展到一个新阶段。政务微博发布厅是微博集群的典范，相当于一个微型“网上办公厅”，各部门政务微博即是办公厅的一个窗口，网友通过留言评论、私信等方式可将自己的问题向具体部门反映。

政务微博的专业化、制度化、集群化在重大突发事件应急中发挥了高效快速的反应能力。

案例 “北京微博发布厅”@“7·21”暴雨事

2011年11月17日，“北京微博发布厅”正式上线，由北京市政府新闻办管理，目的是更近距离与民众沟通，更及时全面发布最新政令新闻，体系化推进本市的政务微博工作。目前，“北京微博发布厅”已经分三批共上线70家政府机构，包括本市全部16个区县。此外还包括9名市新闻发言人。

1. 突发事件应急

2012年7月21日，北京遭遇自1951年有完整气象记录以来最大的一场暴雨袭击，@北京发布、@北京消防、@平安北京、@交通北京与16区县政务微博持续不断发布官方信息，合力形成了官方舆论场[①]。当晚，自北京市政府新闻办以下，市和区县两级各部门微博在暴雨夜通宵发帖，成为权威信息源；“7·21”暴雨中，政府新闻发布和官民互动频率与效果都有大幅提高；北京市政府此次通过新浪政务微博发布厅对来自网民呼救、质疑、批评和感谢的各种声音迅速做出回应；而市民遇到困难时@政务微博，体现了对政府部门的信任和期待[②]。

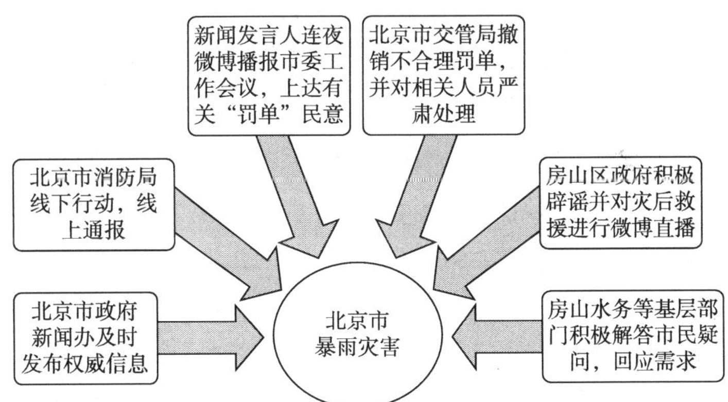

图4　政务微博在“7.21”暴雨事件中发挥作用[③]

---

① 新浪新闻中心：《2012年新浪政务微博报告》，2012。

② 新浪新闻中心：《2012年新浪政务微博报告》，2012。

③ 新浪新闻中心：《2012年新浪政务微博报告》，2012。

2. 案例分析

遇到突发事件时，信息及时公开是解决公众质疑和提升政府公信力的良策。“北京微博发布厅”整合了北京市各大政府部门资源，除及时全面传达最新权威政令外，还直观地向市民展示工作进度和阶段成果，利于民意征集、调查工作的展开，并可有效动员民众积极参与公益事业，全面宣传推广城市活动[①]。

在“7.21”暴雨事件中，“北京微博发布厅”与市民微博协同支持，一方面旗下以“京城四大V”(北京发布、平安北京、北京消防、交通北京)为代表的政务微博互动群带领各职能部门政务微博，通过不断发布相关灾情信息，满足市民的信息需求；另一方面，市民通过微博及时地展示各地段的现场灾情，有效弥补了政府管理机构的灾情盲点，为救援行动和灾情管理评估提供了一线的实况。“北京微博发布厅”在信息传达、民意沟通、发动动员等三方面发挥了重要作用，而集群的舆情应对尝试使得政府在网络舆论场中赢得了权威发布的话语权。

① 新浪传媒：《北京微博发布厅今日正式上线》，载于新浪网，2011-11-17。

三、倾听社情民意的重要渠道

政府与民众的沟通往往要经过烦琐行政层级的传递，费时费力，信息传递慢，也容易失真。政务微博提供了政府部门和民众直接沟通对话的平台。政府可以通过微博直接了解民意，听取和接纳民众意见，包括决策征询、政策执行效果反馈等，客观上提供了民众参政议政的条件。而民众有什么诉求，也可以在微博中直接反映，民众的咨询、投诉也可以得到政府部门的及时回应。政务微博凭借其实时、交互性强的特点正在成为政民沟通的重要平台，使政民之间的交流变为“零距离”。

2012 年，我国政务微博不仅在数量上突破 6 万家。在中央部委纷纷设立微博的同时，基层政务微博的影响力和活跃度也日趋增大，“微博问政”正在向中央与地方各领域不断深化和扩大[①]。数以万计的基层政务微博在 2012 年发展迅猛，县处级以下政务微博占总数 80%，在新浪微博年终排名前十位的党政公务人员认证

① 新浪新闻中心：《2012年新浪政务微博报告》，2012。

微博中，基层公务人员占据 4 席[1]。

随着各级政府部门开通微博，政务微博向基层延伸，区县微博日益成为基层民众反映问题的主要渠道。与省市级微博相比，基层政务微博的影响力相对较弱，但是其在政务微博中占有着重要比例，将在倾听社情民意方面起到越来越重要的作用。同时，微博平台的扩展性使得基层政务微博发布的地区性事件极易扩散成为全国性事件。总体而言，基层政务微博不如省市一级微博所受约束多，更易进行有益的创新。同时，在新媒体时代，基层微博也能产生全国范围的影响力。

案例　　“海淀在线”

“海淀在线”是由北京市海淀区委宣传部主办，于2011年12月22日正式开通，进入“北京微博发布厅”。“海淀在线”发布的微博整体质量很高，具有权威性、可信性和导向性。微博日均17.87条，日均转评数931次，日均浏览量超8万人次，长期占据北京政务微博排行榜前列和各区县政务微博前三名。“海淀在线”政务微博注重品牌塑造，致力于打造与民沟通的良好平台。

① 人民网舆情监测室：《政务微博发展总结和预测》，载于新浪网，2012-12-03。

1. 运营情况

“海淀在线”累计发布微博18973条，粉丝197万人。内容涉及活动推介、政策宣传、区域动态、核心区建设、要闻实录、典型人事、小贴士等方面。2016年，与713位网友进行了私信沟通。

2. 微博内容发布情况

一是微博互动情况。暖气不热、施工扰民、乱收费、环境脏乱……网民要咨询办事、要举报投诉、要建言献策、要信息资讯，都可随时@海淀在线或者发私信。政务微博每天不定时查看后台各类消息，及时与网友互动，尽量对每一条私信都进行回复，尽力解决网友投诉、求助。一般问题72小时内解决，暂时不能解决的问题也说明原因。对于一些持续反映、意见强烈的问题，及时与相关部门沟通，开展督办。

同时，政务微博还建立了“政务微平台舆情处置记录表”，对网友问询、投诉的处理情况一一进行记录。2015年，通过政务微博收集群众意见建议1300余条，办结638条，有效地把工作做到群众中去，解决群众问题。

二是着力畅通以“海淀网友”为主线的多种诉求表达渠道。充分运用“互联网+”思维，转变思维，拓宽受理渠道。构建了“海淀网友”网上写信、手机客户端等多种新媒体平台，及时受理群众反映的热点和难点问题。为了通过政务微博及时方便地受理群众诉求，结合中关村热线96181的发现问题机制、指挥协调机制、快速处理机制、跟踪反馈机制，运用非紧急救助服务系统，发挥平台运行稳定、转办迅速的优势，及时对通过各类渠道上报的问题进行受理转派，保证“海淀网友”上报的各类线索能够快速得到响应。对于群众诉求的不作为、慢作为、乱作为现象，发挥平台效能，快速受理。此外，加强沟通，形成工作合力，与海淀区城管指挥中心、海淀区文明办、海淀区维稳办、海淀公安分局等单位密切联系沟通，共享资源，形成合力，畅通诉求表达渠道。

3. 积极开展网友线下活动

首先是结合圆明园四十景展，在微博发起话题讨论，有近20万的阅读量。“三山五园文化巡展——圆明园四十景文化展”展期中，“海淀在线”政务微博组织网友进行互动，网友答对有关圆明园四十景展相关问题，并@三位好友，就有机会领取精美奖品，海淀在线政务微博每天还抽取一位幸运者获得惊喜大礼包。通过新媒体互动活动，仅互动活动单条微博阅读量就达到19万，再通过微博大号推广，单条互动微博转发1万左右，评论也有1000多条。

其次是红迷嘉年华期间，制作十余条精美微博，让网友感受到传统文化的魅力，开展“纪念曹雪芹诞辰300周年·红迷嘉年华”线上活动。网友不但可以感受一次穿越之旅，转发还有好礼相赠。海淀在线政务微博在活动举办期间每天随机抽取5名互动网友赠送限量版礼品，运用互联网思维推广传统活动。

第三是在中关村智能硬件体验馆举行网友线下互动活动。“海淀在线”在增加日常互动、服务力的同时新增栏目以及活动，提升政务微博整体的互动量。微博主要对海淀区内重大政务、经济、文化等方面的新闻以及各级部门的服务、公告信息进行发布，并针对群众特别关注的活动和事件进行回应。发布消息分类细致，很多原创微博前都会加上“#”话题分类标签，如“海淀生活、海淀新鲜事、海淀高精尖、海淀发布、媒体聚焦、海淀你早、创意海淀、海淀之美”等，阅读起来方便快捷。通过网友的积极参与，不仅增强互动性，让网友感受到官方微博的亲民感，更让网友感受到务实、求真、亲民的政府。

四、服务民众的重要手段

政务微博是政府服务民众的新形式。在政务微博这样一个虚拟网络空间中，政府形象传播主要通过政务服务这一实实在在的载体来展现。因此，政务微博要保持长久的生命力，获得广大网友的支持，必须强调服务性、注重实用性。经历了 2011 年政务微博元年高速发展后，2012 年，政务微博更加凸显贴民生、务实事、重应用三大特点。

信息已经成为这个时代人们生活不可缺少的重要组成部分。信息闭塞和信息缺乏势必给人们的生活带来不便和困难，因此，开通微博，提供民众需要的信息是政务微博服务民众的第一步。如十大政府机构微博之一的“上海发布”，每日更新微博20余条，全部是与民生相关的信息，满足了市民日常生活方方面面的需要。此外，除了信息方面的传递之外，政务微博通过信息指导、信息反馈、信息纠错来满足民众的利益需求，解决民众的生活难题。政务微博通过及时回应民情、公开辟谣、征求民意等方式，正在不断影响着社会事件的发展。从倾听社情民意的初级平台向常规化的网络“办公平台”演变的过程，也揭示了整个政务微博功能的提升，由此也必将带来公共行政服务方式的转变与改进。

案例　“甘家口之窗”

1. 基本情况

“甘家口之窗”由北京市海淀区甘家口街道主办，于2011年6月1日正式开通，是北京市首家由街道主办的政务微博。截止到2017年5月24日，“甘家口之窗”累计发布微博3738条，拥有粉丝1万多。

2. 开展创新性服务

2012年6月1日，海淀甘家口街道在官方微博“甘家口之窗”的机制上创新建立了微事处理机制，作为网格化管理的补充，以强化社区自治和服务功能，解决服务的“最后一公里”问题。仅运行半年以来，“甘家口之窗”已协调解决地区百姓反映的环境问题70余件，在线解答问题300余个。

“微事处理机制”，具体包括三支队伍和共建家园奖励办法。民意征集队通过“甘家口之窗”采集地区发生的大事小情，了解地区居民的想法和意见，为街道工作提供有益思路和建议。环境治理队负责处理居民通过微博反映的地区环境卫生“微”问题，提高处理效率，降低行政成本。民情协调队帮助居委会化解或自我消化邻里纠纷，变“他管”为“自管”。“共建家园”奖励办法旨在改变群众单向反映诉求的思路和模式，着力培育地区居民的归属感、荣誉感和责任感。微事处理机制启动之后，民意征集队、环境治理队及民事协调队确立了“依托于微博，但不局限于微博”的工作思路，在了解居民需求、加强环境建设和处理邻里纠纷等方面发挥着积极作用。

截至目前，民意征集队已收集到包括城市管理、环境建设、文化宣传、统战工作、民生保障和安全卫生等多方面的意见和建议。例如许多居民在微博上反映地区有多处垃圾长期无人清理，这些垃圾散布在西钓鱼台地区、空军总医院西侧、阜成路南二街、六建平房区等多个地点，早已通过甘家口街道城管监督分中心上报给区相关部门，经海淀区城管监察大队甘家口分队鉴定为无主垃圾，久而久之垃圾越堆越多。环境治理队在摸清情况后，立即发动专业处理组开展行动，经过为期一周的集中清理，清运垃圾34车，将42处在区里挂账的无主垃圾全部清理完毕，解决了长期困扰居民生活和出行的环境难题。此外，民事协调队也成功调解了二里沟小学校门口家长开车接孩子造成的交通拥堵纠纷以及甘东社区居民反映的施工扰民问题。

甘家口街道还在官方微博“甘家口之窗”上开辟了#微事处理机制#专栏，将三支队伍解决的典型案例以微博的形式加以宣传，既能让地区居民清清楚楚看到微事处理机制的快速和便捷，有效拉近了政府与居民的距离。

#微事处理机制#（3）【环境治理队】昨天下班高峰时段，有博友在微博上反映阜成路北二街路口两棵大树快倒了很危险。街道环境治理队第一时间赶赴现场，拉起临时警戒线并协调相关部门做支撑等应急处理。由于树木粗大且压在高压线上，处理有危险，临行进行了断电砍伐，约一小时后电力恢复，安全隐患消除。

图 5　甘家口之窗“微事处理机制”

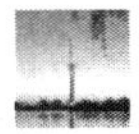

甘家口之窗V：#微事处理机制#（11）之#环境治理队#近日，有居民反映地区白堆子口东侧的人行过街红绿灯一下雨就失灵。街道已拨打免费服务电话：122就此问题进行了反映，希望能尽快解决。居民也可记下122这个服务电话，碰到类似问题时可直接致电。@andygodfire

8月1日16:54　来自新浪微博　　转发　收藏　评论(2)

图 6　甘家口之窗公布便民服务电话

3. 案例分析

海淀区“甘家口之窗”微博创新性地采用“微事处理机制”，发挥“线上收集民意，线下处理问题”的作用，更加有效地倾听群众呼声、服务地区发展、维护社会和谐，使“甘家口之窗”成为守望社会民生的重要窗口。在甘家口街道利用微博积极为民服务的同时，也能充分调动居民的主观能动性，参与社区建设，营造社区居民“爱家园、建家园”的和谐氛围。

第四章 如何运营政务微博

第一节　对于政务微博的SWOT分析

一、政务微博的优势

政务信息的传播途径是随着媒介的发展而不断演进的：从最早的印刷传单到报纸、广播、电视、互联网，直至今日的新媒体——微博。如麦克卢汉的经典理论“媒介即讯息”，从政务信息的传播媒介沿革方面看，不难发现，随着时代的发展与社会的进步，政务信息的公开与传播正在从单向的延时的告知转向实时的互动的交流。

利用微博这种新媒体，政府机构可以更加全面充分地表达、更加迅速快捷地传播政务信息，尤其是发布紧急声明等时效性强、告知范围广的信息，从而更加贴近民众。以微博为代表的新型移动互联网媒体，不仅提供了更加快捷的信息发布渠道，更改变了信息"口口相传"的扩散模式，随手的一个转发、一个@、一条信息，瞬间获得上万次的转发评论，一传十而十传万。这种传播链路不仅是涟漪状扩散的，更可以直接反馈给信息源。政务微博成为开放式议政服务大厅和倾听民声的交流平台，能够快速反应，进行信息发布、信息反馈和舆论引导。

美国总统竞选时，开始接受 Youtube 的视频街头直播随机采访时，有学者认为这预示着公民社会离我们又近了一步。而在今日的中国，政治色彩强烈、严肃正统的《新闻联播》结尾处会加上"请关注我们的微博，了解更多信息"的广告，国家大事进入了微博平台的讨论范畴。主动拥抱时代，迅速建立开放、透明的政务官方微博，传达最新决策、征询倾听民声，全面、真实、及时、迅速地收集民众的反馈信息，有效地加以舆论引导，成了政府机构顺应时代、顺应民意的必然选择。

政务信息不再是印发后就无法改动一个标点的套红头的白纸黑字，不再是传达后就关闭的麦克风或摄像机。政务信息的传播变为实时的、可随时补充和解释说明的、可交流互动的、可全面回溯查阅的全新形式。信息发布者可以随时视反馈效果来调整并补充信息要素，不用再担心“一言既出，驷马难追”。相应地，有别于传统媒体，政务微博的内容也不必再字斟句酌、冷面严肃，活泼的表达反而更加有亲民的效果。

比如，2013 年 2 月，在微博上引起围观的“卖萌派出所”，在过年期间发表了这样的微博内容：“1. 主页君先给大家拜个晚年（就拜拜不磕头哦）；2. 明早全宁波最年轻的派出所将正式挂牌（目前正在分娩）；3. 本博是宁波市公安局江东分局新城派出所官方微博（加 V 申请 ing）；4. 主页君自感亚历山大（觉得摊上大事了）；5. 欢迎大家来戳戳（别太重，怕疼）[①]。”

除了语言比较俏皮外，微博中还使用各种可爱表情，图文并茂地展示了新成立派出所的年轻朝气。当发现警察可以不板着脸，说话诙谐幽默时，网友们纷纷围观转播，大呼“太亲民了”。也有网友们戏称，这是宁波市最年轻的派出所。

---

① 叶萌茗：《宁波“最年轻”派出所微博卖萌网友大呼太亲民》，载于新闻中心—中国网，文章来源：光明网，2013-02-22，http：//news.china.com.cn/live/2013-02/22/content_18755434.htm。

这一实例及网友的评价证明，用新媒体的手段搭配新媒体的语言，不仅不会降低政务微博的公信力，不会减少警务工作的威严，反而有助于吸引网友的关注和主动地转发传播，从而有助于提升政务微博的影响力。“卖萌”可以作为开场白或偶尔与网友互动的一种形式，但日常的微博运营过程中还需要言之有物，力求真正具有价值。

二、政务微博的劣势

微博是一种新兴的网络人际传播工具。政务微博尽管代表政府形象，涉及公共利益，但也需要有明确清晰的定位以及亲切亲民的态度。一些政务微博缺乏明确的定位，板着面孔照本宣科，运营随意，缺乏统筹规划，都使得原本有公信力的政务微博失去了它应有的功能，无法促进政府和公众之间的正向沟通交流。

政务微博的定位要清晰。比如政府官员、国家机关工作人员以个人姓名和职务认证通过的微博，是否能在传播政务信息的同时，偶尔发些私人的感慨？网友如何区分这些信息，哪些是官方的立场，哪些又是该官员的个人观点？

开通微博的政府官员越来越多，官员对待微博的态度也各式各样。有人把微博当作地方宣传阵地，当年的微博焦点人物伍皓就是其中的代表。支持者认为，他“一心扑在红河的宣传上，不遗余力”，反对者觉得他的微博是在“给红河做广告”。也有用微博处理工作的，比如甘肃省卫生厅厅长刘维忠，不仅自己是个“微博控”，还热心回答网友寻医问药的帖子，给佛山的小悦悦开过“通过胃管灌点猪蹄子煮的汤和中药，再灌点黄芪水”的中药方子，更要组织甘肃千名中医“微博问诊”，被网友炮轰忘了中医的“望闻问切”。而像“御史在途”一样“大隐隐于市”的，在简介里明确注明“本博言论与供职单位丝毫无涉”，若不是微博主页右上角有新浪的认证信息，恐怕大部分人都将他们看作与自己一样敢说话、敢评论的“知名网友”。也有“劳逸结合”的，北京市政府新闻办公室主任王惠的微博在报告北京市扶贫、城市建设、防艾等工作的同时，不忘在下雪天提醒女孩子们“别为美受寒”[①]。

以上种种例子，都反映出官员个人认证的微博，

---

① 李烨池：《两省官员微博打嘴仗专家称个人言论须事前声明》，载于《羊城晚报》，2011-12-05。

如果在谈工作的同时讲生活，容易给人造成一定的认知混淆。如果政务微博带有过多的感性评论或与政务完全无关的“生活小百科”的内容，很容易影响政务微博的公信度。这在政务微博运营中，需要注意和避免。

由于政府机关的工作模式、分工制度，可能会造成政务微博“千人千面，风格不一”的问题。比如轮值更新微博，政务微博就有可能在语言风格、选材内容、沟通交流方式等方面出现风格不统一。最受影响的是前后信息的断裂。比如上周发布的某信息，本周有了新进展，本周轮值更新微博的工作人员处理问题的方式、发布信息的口径与之前相悖或有出入，也会直接影响政务微博的公信力。久而久之，即使日常信息的发布，其政务信息发布的可信度及传播效果也会受到严重影响。即使种种原因，政务微博也一定要采取轮值制，要以轮值日志的方式，记录重大事件及官方回复的立场、消息源、回复人（批准人）等信息，避免“一个问题问百遍，每次答案都不一”的现象出现。

运营政务微博，需要遵循一定的发布频率、时间规则，特别是重要事件传播的时间点。比如，政务微博不要出现“一日连发几十条，连续几日没动静”的现象，也不要转发不具普遍代表性的某条信息或评论，干扰用户的同时也影响主动参与者。还有，不要在深夜发布重要事件或回复讨论。一些政务微博选择违背网友正常生活规律的时间发布政务信息，或高频度、重复性地发布同一条信息，在面对一些突发性又与本部门相关的新闻事件时，政务微博反而迟迟没有动静，不能在第一时间响应，久而久之公信力自然下降，甚至彻底失去。

三、政务微博面临的机遇

对于各级政府以及政府工作人员而言，政务微博是一个全新的平台，让普通公民与政府机构和政府工作人员直接进行沟通，让社会话题和社会问题得以心平气和地讨论，可以树立服务型政府的良好形象。

2013 年 2 月 20 日上午 8 点 10 分，时任全国人大代表、浙江省委组织部部长的蔡奇发表博文："3 月初将赴北京参加全国人代会。作为人大代表，应尽自己的职责。为此，特向社会征集有哪些建议或意见需带到会上。欢迎大家进言！" 该条"建言号召"微博立刻成为当天腾讯微博的热门话题之一。截至 3 月 5 日，蔡奇征集两会建议的微博已被转发和评论 12360 次，网友们纷纷对蔡奇的“建言号召”表示支持，许多网友积极响应号召，提出与民生相关的“建议或意见”，包括住房、计生、社保、教育、物价、环保、文化等方面。3月2日，蔡奇最终“海选”出具有普遍性和代表性的意见50条带上全国“两会”。这些举措无疑树立了公职人员“为人民服务”的形象①。

数亿用户集体围观并发声，微博的强大影响力自不待言。微博，这一以单纯的交流或“展示自我”为目的的新媒体，一跃站到了舆论监督的潮头，过去各种曾经被认为司空见惯的“潜规则”现象，如今都被一并展示在众人面前②。在这一背景下，政府机构建立官方微博，并监测舆论动向，当有相关的信息出现时，能够在第一时间主动出面解释或者说明事件的来龙去脉，是最省力也最有效的危机应对方式。

微博监督的典型流程如下：先是有网友发微博披露某个事实（或某个网友发微博提出质疑），然后众网友跟进评论和转发，相关网络衍生品（如漫画、恶搞歌曲）开始出现，接着在网络或传统媒体上出现深

---

① 王义杰：《代表用微博晒提案征意见微博或成履职新平台》，载于正义网，2012-02-23，http：//cd.qq.com/a/20120223/000162.htm。

② 陈娟、晓德：《微博凶猛》，载于《国际先驱导报》，2011-07-11。

度评论和调查，并同时伴随着微博上不间断地“爆料”，一场微博事件就此达到舆论监督的高潮。

如果政务微博能够及时监测舆情，在事件传播到达高潮前发出官方声音，就具备了引导舆情的可能性，否则政府很快会面临更严厉的猜疑与指责。以当今微博平台的传播影响力，政府机构再不可能“两耳不闻窗外事”，在各种质疑声之前亮出自己的观点，才是明智的选择。

比如，2012 年 7 月，武汉遭受强降雨。7 月 15 日，一则题为《武汉领导出行四人“抬轿”》的帖子开始在网上热传。帖子中有一张照片为两名干部模样的男子，撑伞端坐在一块木板上，在齐腰深的水中被五个小伙子护送前行。帖子意指武汉质监局黄陂分局领导在大水中要求下属为其抬轿[①]。对此，7 月 16 日，武汉市质监局通过官方微博辟谣，那张所谓“干部乘轿”的微博“并非摄于黄陂分局”。这条官方微博被转发并引发主流媒体求证，最终调查发现，坐在木筏上的两人皆为武汉市黄陂区疾控中心普通工作人员，因为长时间在雨中浸泡抢险引发身体不适，待资料仪器转

① 佚名：《武汉官员暴雨中“坐轿”照引热议》，载于《南方都市报》2012-07-18。

移妥当，病人、妇女儿童撤离完毕后，他们才坐上运送病人的木筏离开单位。政务微博及时监测舆情并做出及时回应，使得谣言不攻自破。

当然，如果舆论事件已经波及政府机构，但还没有建立微博，亡羊补牢亦为时未晚，火线认证并以官方立场严肃认真地说明事件，表明观点态度，迈出树立政务微博形象的第一步。利用好政务微博来做舆情监测、舆情引导，越早越好、越坦诚越好、越开放越好。

四、政务微博面临的挑战

政务微博也面临着不可避免的挑战，如突发的网络舆情使得政务微博处于“危机四伏”的环境中，而如何与网民沟通则需要更多的危机公关技巧，这与传统的政府工作方式有所不同。这对政府和政府官员的危机应对能力提出了更高的要求。

比如，在郭美美事件中，中国红十字会就面临了严峻的考验。郭美美，这个最先在新浪微博上疯狂炫富的女孩，之前或许不会想到，仅仅一周之内自己就将包括中国红十字会、天略集团在内的机构、企业或个人牵扯进巨大的舆论漩涡。其与中国红十字会某负责人的关系以及中国红十字会是否涉及招标违规等问题，都成为被怀疑的对象。在这个过程中，网友抽丝剥茧式的“人肉搜索”与持续不断的热议交相辉映，不仅一步步披露着后续的种种谜团和“证据”，更让相关各方压力频频。

在事件被微博多轮传播后，中国红十字会的微博悄悄出现在网络——其当夜所发的四条微博，三条是介绍中国红十字会的历史，另外一条是相关负责人做出解释的长篇博文的链接。从危机处理的角度来看，前三条微博毫无意义，只会让网友觉得中国红十字会并未主动回应该事件，而是在刻意逃避。如何面对网络舆情并快速反应，如何增强应对各种突发事件的能力，成为政务微博运营者必修的功课。

与此同时，微博的信息传播呈现出典型的“碎片化”特征。这一特征虽然使得政府机构与民众的沟通更为便捷，但另一方面，碎片化的传播随意性较强，且完整的信息需要传播者多次发布并结合才能形成。不少政务信息包含内容较多，而因为微博的字数限制，信息很难一次发布完整，这使得政府在传递信息的过程中可能存在信息缺失或不确定性，影响了信息接收者对信息的理解，从而容易产生歧义。这与政府机构信息公开必须权威、准确的要求存在一定的矛盾。

微博传播的便捷性，使得任何信息一旦发布，即有可能被大量转发，政府机构倘若在发布某些信息的时候分寸把握不当，就容易造成难以挽回的恶劣影响。微博直播传播速度快、传播范围广，还可能存在泄密情况。这些都是政务微博必须面对的挑战。

第二节　政务微博运营策略

一、理念创新策略

政府部门应该重视政务微博的重要作用，将政务微博作为新媒体、宣传阵地、与群众密切沟通的平台和遇有重大紧急情况时的传声筒来运营维护，保持一定的发博频率，尽量提高发博数量，争取多发群众关心的内容，而且应努力使用网言网语，争取更多网民的关注和信任。政务微博应该认识到粉丝数量的意义。一方面，政务微博不能以追求粉丝多少为终极目的，一般情况下，粉丝量的多少不是非常重要。另一方面，粉丝越多则影响力越大，当突发事件发生时，粉丝数量越多，政府声音的传达就越迅速，就越有利于争取主动权，防止流言和谣言的散播[①]。各政府部门和官员个体在开通政务微博的同时，需要创新工作理念，以建立一整套工作机制作为保障，充分发挥政务微博的作用。

二、规范化管理策略

为了让分散在网络空间的政务微博形成合力，集中政务微力量，各政府机构应对政务微博加强统一管理，规范其应用。同时，通过成立统一的协调组织，编制整体发展规划，采取报批或备案制度，制定联席会或协调会等沟通机制，保障政务微博有效运转，发挥其舆论引导力。

各政府部门应该对政务微博的名称等加以规范，增加其易识别性和可信度，维护政府权威性，杜绝虚假信息的传播。各部门在开通政务微博的同时，应该建立一系列的机制和制度作为保障，要有信息审核流

---

① 无语钟：《政务微博，网络时代的“群众路线”》，载于荆楚网，http：//focus.cnhubei.com/original/201208/t2174278.shtml。

程，以确保信息权威有效；要有发布数量频度的规定，以确保信息对广大网民的持续吸引力；要有问题类评论的答复规定，以确保及时解决问题、纾解网民情绪等。

三、加强法制建设策略

加强法制建设是强化政务微博规范管理的主要策略之一。目前中国没有成文的新闻法，微博作为新兴的网络媒介，其立法更远远滞后于微博实践的发展。因此，建立一整套政务微博监督、评估体制，有利于政务微博的长期发展，也有利于将政务微博纳入有效的监管之中。英国是推动政府微博规范化发展最有代表性的国家，早在 2009 年就发布了《政府部门 Twitter 使用指南》，可供各级政府部门参考。

政务微博作为政府信息的重要发布渠道之一，作为沟通政务和公众的重要平台之一，需要加强规范管理和制度建设，通过建立一整套有利于政务微博发展的体制机制，从而更好地发挥政务微博的作用。有关政务微博的管理条例应该明确本部门政务微博的负责人、执行人以及档案员的职责、权限，明确三者之间的关系。信息发布时效、接收用户诉求的响应时效，既要有明确的责任，又要有明确的惩罚措施。目前，全国各地政务微博已做了一些尝试，并建立了一系列的体制机制。对政务微博加强监管以及进行科学合理的评估，将有助于更好地服务于政府部门的建设。

四、功能拓展策略

目前，有些政务微博只是被当作信息传播的平台，而并未全方位扩展政务微博的功能应用，有待进一步提升政务微博的公共服务能力。其实，政务微博一大主要作用就是加强与网民的互动，由网友通过@的形式咨询政府机构相关问题，再由政府机构通过微博做出正面、官方、权威的回应；或者，政务微博主动发起公共话题的讨论，吸引网民的关注和支持。这些话题往往能够聚集大量人气，同时也可以彰显政府部门的服务性。

目前，已有大量政务微博公共服务的实践。2012年6月19日，腾讯公司和济南市车管所联合对济南车管腾讯微博系统进行了升级，把济南市车管所网站“网上车管所”的部分车驾管业务融入济南车管腾讯微博，将“网上车管所”升级为“微博车管所”，实现在网上车管所能办理和查询的业务，在微博上一样可以实现。19日起，微博用户可以通过微博在线办理车驾管业务和相关业务查询。使用微博上线更加方便快捷，并且不受时间和地点的限制，这一业务办理方式为网友们提供了极大的方便。同时，“微博车管所”可以在最短时间内为群众解答疑问，让更多群众了解车驾管业务的办理方法。

五、提升舆情应对功能策略

微博具有普及性、及时性、方便性等优势，发展迅猛。近年来，微博成了负面信息、虚假信息传播的重要渠道。政府部门开通政务微博并使用得当，可以达到主动占领新兴舆论阵地、正面引导舆论的效果。政务微博开通了政府部门与广大网民的直接、快速沟通渠道，对主动发布信息、争取群众理解支持、挤压谣言空间、营造有利于工作开展的舆论氛围大有益处。

目前，诸多政务微博“发布厅”上线，集群化已成为政务微博发展趋势。“发布厅”将城市多个职能部门资源进行整合，聚合了公安、交通、旅游等各个城市职能部门的微博，涵盖了市民衣、食、住、行、教育、安全、医疗等生活的各个方面，给各个政府部门提供了具有较大影响力的统一的新闻发布平台。

第三节　政务微博日常运营管理

一、政务微博传播应对方法

（一）打造优秀的运营团队

为了完成庞大、琐碎的政务微博运营工作，本文建议从三个方面确定运营团队人选：第一，了解政务信息；第二，个人气质相符；第三，有网感。了解政务信息，即对政务新闻、服务类社会信息有所了解，并具备积极的态度和学习的能力去获取实时更新的政务信息。个人气质相符，指的是个人气质与语言风格要和政务微博相契合，为人谦逊、开朗、大气、正面，乐于与人交流，擅于交际。同时运营人员还应该了解网络文化、网民心理及行为，并具备良好的网络语言驾驭能力，了解微博的传播特性。

一个优秀的微博运营人员如具有创新思维和快速反应能力、互联网监测技术和软件的应用能力、数据分析能力以及政务信息方面强大的知识储备，那么在应对突发舆情时将会游刃有余，能够及时引导社会舆论，维护本部门的公众形象。

（二）制造优质的微博内容

在政务微博内容发布前，要先对素材进行修改和提炼，以最精准、最恰当、最优美的内容呈现要传播的信息。通常来说，制造优秀的微博内容有如下几种方法。

第一，巧做开头内容法：微博需要在140个字中说清楚一件事情，所以语言需精练，尤其是开头非常重要。如果第一句话就让人乏味，那么这条微博就是失败和无效的。在写微博时要注重第一句原则：必须引起阅读兴趣；必须让粉丝产生印象；必须让粉丝即刻记住。其中，应用较为广泛的方法有开门见山法、夺人眼球法和问句开头法。

首先是开门见山法：微博一开始就直接陈述内容，如@人民日报微博:【习近平: 改革不停顿、开放不止步】习近平近日在广东考察工作时强调，要更注重改革的系统性、整体性、协同性，做到改革不停顿、开放不止步。习近平说，这次调研之所以到广东来，就是要到在我国改革开放中得风气之先的地方，现场回顾改革开放历史进程，将改革开放继续推向前进。

其次是夺人眼球法：用夺人眼球的信息开始整条微博，如 @ 公安部打四黑除四害微博：【男子凌晨桥上小便“尿”到海里】厦门一男子打的去轮渡，内急忍不住，想在大桥上方便，没想到，“扑通”一声，竟掉到海里。的哥报警后，民警和消防人员一起将男子从桥下齐腰深海水里解救上来，男子没受伤但吓得不轻。好心的哥安全将其送至码头。随地大小便不仅不文明，还“危机四伏”，教训呐。

再次是问句开头法：用提问的方法引发读者的阅读兴趣，如 @ 美国驻华大使馆微博：还记得“好奇号”火星探测器吗？一转眼，它在火星的生活已经进入第五个月了。目前，探测器和“火星科学实验室”的仪器运行良好。图为“好奇号”自画像……

第二，相关法：将微博内容与正面的词汇、具象事物联系起来，让读者产生直观的正面联想。如 @ 联合国儿童基金会的微博：这次贵州行，像是在十岁小男孩 Alex 的心里种下了温暖的爱的种子，期待……

第三，贴近网络语言法：要学会合理“卖萌”，通过拟人化的表达，将枯燥和无趣的内容用口语化来讲述和沟通，适当的时候使用拟声词、谐音词、声音重复强调……如 @ 美国驻港总领事馆的微博：回复 @Brandon_Chen：把老大的名字拼少了个 C，怎么办，自己琢磨去罢！ @Brandon_Chen：是 Barack 吧！！！

第四，普遍法：传递出大家一样的观念，反复强调每个人都知道这是潮流趋势。@ 新加坡旅游局官方微博：【清凉盛夏攻略】新加坡咖啡店“大扫盲”，爱咖啡的你不知道就凹凸了！欢迎来尝鲜呀。

第五，证言法：将内容与权威事物、言论、文学、电影台词联系起来。如 @ 京港地铁微博：# 地铁日历 # 今天大雪哦！“大者盛也，至此而雪盛也。”大雪的意思是天气更冷，降雪的可能性比小雪时更大了，并不指降雪量一定很大。雪的征兆。你们那里下雪了吗？

第六，段子法：用微博上流行的各种语录体（淘宝体、凡客体、丹丹体、私奔体等）来发表微博，如 @ 人民网微博：莫言讲了三个与人有关的故事。第一个讲的是“当众人都哭时，应该允许有的人不哭。”第二个故事讲的是，要把人当人看。第三个故事讲了，害人者定有报应。元芳，这三个故事你怎么解读？

第七，下结论法：用下结论的方法提示读者注意，如@平安北京微博：谨防货车侧翻。12月2日，在济南省道102郭店镇十里铺路口发生一幕惨剧，一辆载有五十多吨煤炭的大货车，发生侧翻……群众和路口的交警上前扒煤救人……

总之，微博短短140字，要注重“滑梯效应”，从开头到结尾，每一句话都要像坐滑梯一样，引导大家有兴致读下去。

（三）明确责任机制

在政务微博运营时，应建立一整套工作流程，其中每个工作人员的岗位定位应明晰，要建立有效的内容审核机制。政务微博的信息发布范畴要明确，处理越界内容需慎重。在具体工作实践中，政务微博的运营要把握“明确责任制，兼顾灵活性”的原则。具体工作人员在运营政务微博时，对于拿不准的信息是否要发布、如何发布、何时发布等，应报上级以做定夺；对于自己可以处理的事项要灵活处理，不可耽误。

同时，对于政务微博的传播效果应建立相应的评价管理机制，如有失实内容或者不当内容，应当有惩罚措施；如微博内容论据充分，事实清晰，且语言活泼生动，起到了很好的舆论导向作用，则应给予奖励。

（四）加强后台管理

政务微博的前台是公众能够看到的内容部分，但同时，政务微博运营人员要注重对后台的数据管理，及时回顾和监测网络舆情，分析网友的人口统计学特征以及网友关注的话题类别，不断提高自身的微博运营能力，为网友提供一个更加优质的官民沟通互动的平台，助力政府部门提升公共服务能力和水平。

（五）强化人员培训

微博内容形式的多样化，使得微博运营人员需要具备一定的专业知识，正如一个顺口溜中所讲，微博运营人员“要做得了设计，写得了文案；抓得住热点，卖得了萌；谈得了时事，扯得了花边；发得了内容，回得了评论；去得了水印，改得了标点；不择手段抄内容，抓破头皮搞原创，废寝忘食发微博，半夜三更刷粉丝”。说法虽然有些夸张，但一些必备的知识、能力和素质，是需要经过实践和培训的，也是必须具备的。

同时，由于政务微博的特殊性，政务微博内容应该要具有积极向上的导向作用，不能为了吸引眼球、增加粉丝而罔顾伦理，发一些血腥、色情等内容，更不能成为网络谣言和流言的助推手。政务微博运营人员还要有本部门的专业知识，如公安机关的微博运营人员应该具备公安系统的专业知识，交通部门的微博运营人员应该掌握各种交通相关的法律法规。只有这样，微博运营人员在面对网友的求助或者求证时，才能够积极解决问题，树立政务微博服务人民的良好形象。

总之，要让公众信任政务微博、借助于政务微博参与公共事务，通过微博问政来促进政府部门决策的科学化、民主化，都需要有优秀的微博运营人员和专业人才进行微博的维护和管理。

二、政务微博传播应对技巧

政务微博涉及各级、各种政府职能部门，如何让政务微博发挥其应有的作用？本文认为，政务微博信息发布要遵循“十要”原则，即身份要认证、频率要适当、反应要迅速、信息要分类、语气要亲民、言语要慎重、态度要积极、媒体要联动、数据要分析和平时要运营。

（一）身份要认证

针对政务微博这种有公信力、影响力的微博账号运营，应首先获得微博运营平台的认证，确认该账号为真实的政务账号，形成较权威的良好形象；微博信息也可以更好地被外部搜索引擎收录，更易于传播。公众通过微博来实现问政的诉求，政府通过开通微博来促进官民关系，满足群众在知情、解难和排忧方面的需求，身份认证是前提。

（二）频率要适当

要获取用户的持续关注，适时、适量地发布微博内容必不可少。微博的更新频率建议是每半小时更新一条，在微博用户最活跃的早晚上下班高峰期间应密切关注微博，根据实际情况发布微博信息或转发、回复网友关心的问题，增加微博关注的黏性。通常来说，微博的发帖量与被转播次数呈正态分布趋势，发帖量越多，被粉丝转播的机会也就越多。政务微博的管理人员应积极利用微博用户积极性高的时间段，与用户进行互动、交流并发布信息。同时，也不要忽略互动低峰期。

（三）反应要迅速

当突发事件发生时，利益相关者对于事件发生的进展、具体情况以及政府对事件的处理态度、处理方法等极为关注。政府部门迅速掌握突发事件的第一手情况，及时判断事件发生趋势并做好应急处理。政务微博作为新媒体传播时代舆论引导的重要阵地，应该发挥应有的作用，及时披露重要信息，加强政府与民众之间的积极互动。

突发事件一旦发生，以微博为代表的新媒体将积极从各个角度对事件进行传播和评论，从而在网上迅速形成社会话题。此时，政务微博应该迅速了解事件发生的相关情况，同时利用微博等新媒体发出权威声音，占领舆论高地，加强舆论影响力。相反，如果政府部门一味沉默或消极应对，则会丧失舆论主导权和话语权。同时，谣言和流言会进一步消解网络舆论对政府的信任，即使此时政务微博再进行辟谣，恐怕很难消除此前造成的负面影响。

（四）信息要分类

现有的政府微博信息可简要分为四类：信息共享、

政策咨询、规章制度咨询互动和疑问回复[①]。这四类信息与政府公共服务职能相对应，但并未从用户体验的角度进行分类，亲和力不强。因此，政务微博应该尝试从网民的角度出发将信息进行分类，比如突出教育、医疗卫生、食品安全、社会保障等公众关心的话题以及政务信息公布、民生问题关注、热点事件聚焦、公民投诉内容等内容，均可进行分类上传管理，从而方便公众获取信息并进行积极回应。

如成都市人民政府新闻办公室的微博分为“成都新闻”“住在成都”“成都生活”“美食成都”“聚焦天府新区”等板块。如“北京发布”微博开设了微博栏目“漫说北京胡同”，详细阐述了北京现有4000多个街巷的故事和历史，增强网友与政务微博的互动性[②]。

（五）语气要亲民

微博不同于以往的政务信息传播平台，它是一个注重互动和交流的全新平台。政府微博也不应该将自己定位于单纯的信息发布和推广平台，而要以更加亲

① 李鹏、张远瑶：《政府微博客信息交互的应用策略》，载于《信息系统工程》，2011-10-20，第142～143页。

② 陈宁：《非政务性内容提升政务微博亲和力》，载于人民网，2012-05-02，http：//yuqing.people.com.cn/GB/210118/17790662.html。

民、更加人性化的方式与粉丝互动沟通交流。

2012 年 3 月底，网友热议山东枣庄警察击毙的究竟是狼还是哈士奇。面对这一对警方的质疑和讨论，南京市公安局江宁分局官方微博“江宁公安在线”紧扣热点，发布了一则有关哈士奇犬的趣味图文微博：“这几天总有童鞋问警察蜀黍（叔叔）哈士奇和狼到底有什么区别？其实吧，单单从外表来判断，真的是很难判断的。哈士奇和狼最大的区别就在于：哈士奇那无与伦比的 2。于是警察蜀黍总结了这篇史上最 2 哈士奇的合照帖，真的是最 2 哈士奇合集，没有之一。”这条微博立刻成为网上热门微博，累计收获转发 1.7 万余次，评论 1800 余条。网友纷纷称赞“江宁公安在线”可爱、幽默[①]。

（六）言语要慎重

政务微博作为一个权威的信息发布平台，代表的是政府部门的形象，其所说的一言一语都应该慎重。政务微博的管理者应该明确发言风格和发言范畴，在处理越界内容时需要倍加谨慎。

---

① 陈宁：《非政务性内容提升政务微博亲和力》，载于人民网，2012-05-02，http：//yuqing.people.com.cn/GB/210118/17790662.html。

2012年6月20日晚上，上海地铁第二运营有限公司官方微博“上海地铁二运”发布了一则微博：“乘坐地铁，穿成这样，不被骚扰，才怪。地铁狼较多，打不胜打，人狼大战，姑娘，请自重啊！”——配图是一名身着黑色丝纱连衣裙妙龄女子的背面。“地铁公司不去指责违法行为，却去指责公民穿衣习惯引发了网民的抗议。6月24日，两名年轻女子在上海地铁二号线手持彩板，上书“我可以骚，你不能扰”“要清凉不要色狼”等口号[①]。《新京报》6月26日刊发姚景的评论文章《地铁公司不该指责女乘客着装暴露》中说道，“上海地铁集团作为公共机构的管理方，它不是道德传教士，它应该着手解决地铁性骚扰的问题，而不是干涉乘客的着装，就如抗议者的标语一样，‘我可以骚你不能扰’，穿着打扮是个人的自由，但是性骚扰却是违法行为。”“上海地铁二运”成了舆论的焦点，同时也显示出了地铁微博运营人员法制意识的淡薄和对女性的不尊重，大大影响了公众对地铁公司的印象。

---

① 耿聪：《上海地铁呼吁女乘客穿衣自重引网友争议》，载于人民网，2012-06-25，http：//society.people.com.cn/n/2012/0625/c1008-18374313.html。

（七）态度要积极

遇到网友的质疑或者进一步质询时，政务微博应该积极反应，将事件的进一步动态向网友进行反馈，而不能消极应付网友，甚至将有相关事件的微博内容删除来草草了事。每天政务微博应积极搜索相关的关键词，并提前做好准备，迅速积极回应，将可能发酵的社会事件和社会情绪掐灭在萌芽之中。

2011 年春节期间，微博上兴起的“随手拍照解救乞讨儿童”行动，引发了网友的积极关注。在此期间，公安部打拐办主任陈士渠通过其实名认证的政务微博积极回应：“我会通过微博和大家保持沟通，欢迎提供拐卖犯罪线索。对每一条线索，公安部打拐办都会部署核查[①]。”这一回应获得广大网民的支持与肯定，政府舆论得以引导民间打拐的行动。

如 2012 年 6 月 4 日，“建宁县旅游局”官方微博发布一条雷人言论：“建宁县迎来首批纯种外国人。”该条微博在短短数小时内被转发千余条，而“建宁县旅游局”也被网友围观当作笑料，有网友调侃道：“纯

① 查文晔、顾烨：《公安部回应微博打拐称会核查每条线索》，载于新华网，2011-02-09，http：//news.xinhuanet.com/society/2011-02/09/c_121058868.htm。

种外国人是哪个品种？”“纯种外国人”经网友热传以后，建宁县旅游局随即删除该微博并发布一则道歉帖文。该县旅游局局长解释称，此事因“微博管理人员赶着下班，急忙发布微博，笔误所致”。在《致广大网友的道歉信》中，“建宁县旅游局”诚恳说道：“小县城发展旅游经济不容易，希望广大网友继续关注建宁旅游，欢迎大家帮助我们监督培训微博推广人员。”这种及时的回应使建宁县旅游局原先负面的形象得以扭转，将网友的视线重新引导到建宁本地的旅游事业上来[①]。

（八）媒体要联动

在面对突发性的事件时，政务微博应该与其他主流网站微博联动起来，利用双方的平台优势，共同引导积极、正面、真实的舆论。

2012年11月29日，新浪汽车发布热点话题——“刘雪梅”购车摇号7个月连续中签，内容为北京市本月摇车中签率再创新低，细心的市民发现从今年5月至

---

① 丁建庭、云信：《县旅游局微博称迎来首批纯种外国人引争议》，载于《南方日报》，2012-06-05。

11 月，“刘雪梅”这个名字连续 7 个月中签[①]。这则消息引发了网友的调侃并迅速成为热点网络探讨话题。随后，@ 环球时报发布公安交通管理局局长宋建国涉嫌违纪信息，将舆论方向引向对徇私舞弊的探讨关注。最后，@ 平安北京发布辟谣信息，为事件盖棺定论。官方声音及时介入，很好地引导了舆论走向。

一些政务微博也可以联合起来发起活动，扩大活动的影响力和政务微博的影响力。2012 年 5 月 14 日，“成都发布”“南京发布”和“银川发布”三家政府新闻办微博共同发起“随手拍幸福家庭”照片征集活动。网友可通过发布格式为“随手拍幸福家庭 + 照片 + 对幸福的理解 +@ 活动账号”的方式参与活动。5 月 25 日，“合肥发布”“青岛发布”“宁波发布”等政务微博也加入到了传递“幸福家庭”主题的行列中[②]。

目前，共青团系统的微博已经积极联动起来，帮助青年人。如此前共青团系统的个人微博 @ 王郁松发布一条为北京交通大学 2001 级学生张亮求助的信息，

---

① 汤旸：《北京购车摇号“刘雪梅”连续7月中签被称摇号帝》，载于《新京报》，2012-11-29。

② 新浪城市：《“城市发布”政务微博联手发起随手拍幸福家庭》，载于新浪微博，2012-05-25，http：//city.sina.com.cn/focus/t/2012-05-25/153730049.html。

虽然接近午饭时间，但还是在团组织微博中转播起来了，最后微博转发量超过了 5000。经过几个小时的微博求助，张亮获得 A 型血，顺利进行了第一次手术。8 月 22 日，@ 河北发布发布了一条保定花季女孩急需 A 型血小板救命的微博，团干部和团组织之间通过相互 @ 迅速把这条微博转播起来。这些政务微博之间的联动有效地提升了微博的影响力和公众关注度[①]。

（九）数据要分析

除了对政务微博发布信息的精准定位外，也需要对听众的区域、性别、年龄等作出准确的定位分析。不同的政务微博面对的是不同的人群，也有着不同的目标受众区域，只有考虑到这一点，才可能针对自己的目标受众制造优秀的内容，塑造政务微博的良好形象。政务微博不仅可以作为一个重要的信息发布窗口，还是收集社情民意的重要平台。不少网民期待通过向政务微博反映问题来解决具体问题。不少政务微博已经开始尝试通过线上收集问题，推动线下政府办事效率。

① 苗娇：《“青年军”成腾讯微博最大“军团”》，载于《中国产经新闻》，2012-11-08，E04版。

（十）平时要运营

政务微博运营人员要具备运营意识，将微博打造为新媒体宣传阵地以及与群众密切沟通的平台。因而，要争取多发群众关心的内容，努力使用网言网语，争取更多网民的关注和信任。同时，应积极扩大影响力，争取粉丝。当然，政务微博不能以追求粉丝多少为终极目的。但当突发事件发生时，粉丝数越多，政府声音的传达就越迅速、越有利于争取主动权，也是防止流言和谣言蔓延的最好办法。

政务微博也要通过各种活动方式进行自我营销，包括传统的转发抽奖活动，针对特定话题每周、每月定期发布活动策划并设置相应奖品，鼓励粉丝关注转发，抽取幸运粉丝；公益慈善活动，由政务微博推动公益慈善事业的发展；社会参与活动，通过政务微博发起社会参与类的活动以及讨论，使得社会事务获得更多的关注，也会培养出一批忠实的粉丝。

三、政府机构微博信息发布注意事项

政务微博在传播过程中要讲求策略，除了本文所建议的方法和技巧外，还应考虑一些注意事项，比如政府机构微博信息发布时，要戒懒惰、戒官僚、戒“鸵鸟”、戒抄袭、戒搞怪、戒粗鲁、戒无知、戒虚假等，通过微博树立政府良好形象。

（一）内容发布要及时

政务微博并不是面子工程，而应该是沟通政府与民众的有效渠道。而目前一些政务微博被网友戏称“只是赶时髦、走过场，属于作秀行为”“注册积极、运营消极”。

2012 年 2 月份，山东媒体报道山东潍坊部分政务微博开通后工作状态有“冷”有“热”，有的甚至一年多未更新一条微博。记者发现被指为休眠微博的“潍坊奎文经济开发区”政务微博已经消失，取而代之的是一个名为“kkk12312312312”的个人微博，同时原来已经发布的 88 条的政务微博内容也被删除。记者从奎文经济开发区（廿里堡街道）网络科了解到，该微博以前确实为该经济开发区的官方微博，但由于后来机构调整导致微博无人维护。而从 2011 年 12 月 19 日起，认证为“山东潍坊城管在线”的政务微博一直没有更新。一位工作人员向记者确认了认证名为“山东潍坊城管在线”的微博确实是市城管局的官方微博，但该工作人员解释称，这个微博只是他个人的微博，局里也并未通过这个微博发布过任何政务信息，由于自己精力有限而且上网的机会不是很多，因而微博再无更新[①]。

一些政务微博遭到弃用沦为空壳微博，而需要联系这些微博反映现实问题的网友却依然能够找到这些微博账号，但完全不能够通过微博反映情况，与政府机关进行沟通，这无疑会引起网友的不满。有些微博虽然也在更新，但是更新的频率不高，也不能及时应对网络舆情，根本起不到政务微博应有的作用。

（二）处事态度要认真

微博作为一个全新的媒体平台，贵在可以快速、平等、真诚的双向沟通，这也正是微博能够聚集大量人气的优势之所在。政务微博的重要作用之一就是展示一个更加人性化、更具服务性的政府形象，但一些政务微博却以居高临下的姿态，不解决人民群众的实际困难和实际问题，选择性忽视网友亟须了解的信息和亟须解决的问题，发一些官话、套话，将网友的留

① 李小凯：《潍坊政务微博群有待优化不少官微实为个人微博》，载于《齐鲁晚报》，2013-02-26。

言甚至投诉直接删除掉，严重挫伤了网友与政府通过微博进行沟通的积极性。一些微博运营者在传播政府信息时，直接照搬公文，甚至将生硬的公文拆成几条微博来发，使读者“云里雾里”，摸不着头脑。这些官僚主义的作风，使得政务微博服务民众的功能无法实现，也使得公众对政府有了负面的认知。

作为一个优秀的政务微博，“上海发布”就以办实事为重要特征。如它的一条微博：“有市民建议，在部分公交车上采用普通话、英语和沪语同时报站名。此建议已被采纳，管理部门会挑选合适的线路，逐步推进试点工作……”这是“上海发布”对网民建议做出的积极回应，实实在在地解决市民所关心的实际问题①。以平实的口吻、真诚的姿态与网友进行沟通，必然使得“上海发布”成为政府与民众良好沟通的桥梁。

新浪上的“豫法央广”微博，就是为民服务、拒绝套话官话的典型，看看它的几条微博②：

（1）【先付款后验包裹当心骗子钻漏洞】亲，你喜欢货到付款的网购方式吗？你有先付钱后验包裹的

---

① 胡彦珣：《沪语公交报站试点工作将推进普通话、英语和沪语同时报站》，载于新民网，2011-12-07。

② 新浪新闻中心：《2012年新浪政务微博报告》，2012。

习惯吗？如果你回答是的话，你就要当心一点了。近日，河南省郑州市惠济区人民法院审理了一起送假邮包代收货款诈骗案，应该能给喜欢网购的人们带来一点警示。

（2）#温馨提示#今年参加司考的同学注意啦，明天就可以查询司考成绩。昨天，司法部国家司法考试办公室发布公告：考生可于11月22日上午8时起，通过司法部网站（http: //t.cn/h0egU）中国普法网（http: //www. legalinfo.gov.cn和声讯电话查询本人成绩，电信用户请拨打16899800，联通用户请拨打11699800。

（三）解决问题要积极

在与政府部门相关的网络舆情升温之时，政务微博应该做的是遵守《中华人民共和国政府信息公开条例》，明确“公开是原则，不公开是意外”的理念，在第一时间发布相关利益人关心的信息，满足大众的知情权。如果事情的前因后果还没有弄清楚，至少应在第一时间告知公众，政府已经积极参与处理相关事件，引导公众的注意力，成为积极并权威的消息来源，防止谣言流言的产生。如果应对合理，危机能够成为重塑政府公信力的良机。而如果采取“鸵鸟姿态”，不主动处理事件，反而会激怒公众，给公众带来一种政府机关“不作为”的负面感觉。

会理领导视察图片被网友曝光为PS照后迅速成为热点议题，“会理PS悬浮照”事件中涉及的三名当地领导被微博网友们“调侃”，并被以各种造型PS到了世界各地。面对网络舆情，会理当地政府并没有采取网络删帖等方式应对，也没有否认事实，反而在第一时间向网友道歉。当地的政务微博发了如下内容：“感谢全国热心网友，让会理县领导有机会免费‘周游世界’，‘旅行’归来后，领导已回到正常的工作轨道，也希望网友把关注焦点，转移到会理这座古城上来。会理是座有着两千多年历史文化的古城，也是古南方丝绸之路的重镇，看看@阿卓志鸿镜头下的美丽的会理吧，绝对没有PS哦”。由于这条微博坦然面对事实，语言幽默风趣，同时又介绍了会理本地的人文特色，被网友转发了120000多次，评论超过4000条。对此，中国传媒大学MBA学院院长张树庭评价：“一个危机事件华丽转身为成功的城市营销，堪称危机公关的经典案例，会理的这几名同志了不起[①]。”

---

① 据《新快报》报道：《“悬浮”官员笑对网友PS大赛》，载于《楚天金报》，2011-07-06，26版。

（四）政务信息公开要原创

并非要求所有政务微博的内容均为原创，但是政务微博引用他人微博时应注明来源，切不可以抄袭。原创微博的多寡体现了一个微博运营者的能力和微博账号的品质，如“中国旅游”的原创微博中，有景点介绍、旅行线路的推荐，且推荐各种主题旅游景点介绍，如“夏日恋歌 爱上美丽小岛”“神州何处好避暑 高山深处凉意浓”“静坐听海 幽静海岛推荐”“桃花朵朵开 12 星座艳遇胜地”等，这些都吸引了网友前来观看。原创，也可以避免抄袭带来的版权等法律问题。

如果微博内容涉及政务信息的公开，则尽量言简意赅地把枯燥无味的政策、通知等重新消化、解读，再通过微博进行发布；否则，生硬地照搬照抄及转发是不可能引起网友的关注的。

（五）微博语言要活泼亲民

如今微博上会经常出现一些流行的网络词汇，而政务微博也会通过借鉴网络流行语的方式拉近政府与网民之间的距离，带来亲民的效果。但是政务微博属于官方微博，需清楚亲民和搞怪之间的差别，可以让网友耳目一新，但不能让网友目瞪口呆，从而影响政务微博的公信力和美誉度。

2012 年，北京市将从 5 月 31 日 ~ 7 月 31 日启动汽油换标号行动，用京 V 标准汽油（89 / 92 / 95）替换原来的京 IV 标准（90 / 93 / 97），北京市交通委员会官方微博“交通北京”通过改编流行歌词发布一则新闻：“药药！切克闹！新的油号你尝鲜！加油可别露了馅！艾瑞巴蒂！黑喂够！跟我一起讲一套！动词克大慈克！我说数字你说号！‘89’！‘号’！‘92’！‘号’！‘95’！‘号’！切克闹切克闹！油号变了记住 liao！……HIGH 过之后，小编希望您记得新油号的‘名字’哦[①]！”

这条微博并没有如微博内容编辑所愿，让网友记住新油号的名字，网友反而纷纷表示对这种形式的反感。关注点从汽油换标号上转移开来，无疑是一次失败的微博创新尝试。

（六）交流心态要平和

政务微博的工作人员应具备较高的素质与为人民

---

① 陈宁：《政务微薄“卖萌”需谨慎》，载于人民在线，2012-06-12，http：//www.peopleyuqing.com/topnews/topcontent/2012-06-12/2957.html。

服务的态度。在面对网友的投诉、疑问甚至质问时，应该保持较好的风度和姿态，心平气和地讲明事实、解决问题，而不应该以挑衅的姿态面对公众，以粗鲁的言语伤害公众。

此前，网友在微博上质疑交警对一起交通事故的处理，广州交警认证的官方微博迅速回应称："真相都没搞清楚，就乱吠？""乱吠"这样粗鲁的言语，会让所有的网友感受到一种侮辱，也展现出了该微博值班工作人员的修养欠缺，有损于国家机关的形象[①]。

（七）工作人员要提高素质

政务微博代表政府的形象，如果政务微博上的内容不符常识，自然会让民众对微博运营人员甚至政府工作人员的素质产生怀疑，从而对政府的行政效率和行政能力产生怀疑。

北京市环保局原副局长杜少中（微博名"巴松狼王"）所发的微博"我们在大气环境监测方面的科普实在是太弱了、太迟了，环境信息服务也不够人性化。

---

① 陈荞：《"官微博"被指形式化》，载于《京华时报》，2011-12-05。

以至不少关心此事的公众对空气质量监测是怎么回事知道得太少，对标准、规范、浓度、指数、年均值、日均值……只知词不知内容，再加上有些人什么都不信的情绪、连续的大雾、洋人的数据，这样讨论难免成粥[①]。”这条微博专业味道十足，又引导公众积极思考环保相关知识，提升了政府工作人员的形象。

（八）微博内容要真实有效

微博传播的特性使得信息一经发布，就会有人关注并转发、评论，如果事实虚假，有可能造成难以挽回的恶劣后果。因此，微博发布的内容切不可虚假，否则将会极大地损伤政府的公信力。

在某些情况下，并非政务微博发布虚假信息，但也会因所发布信息细节不清而导致公众的质疑。如岳阳公安警事发布微博“#警情快报#村民凌某在购买新疆人核桃仁糖果时，因语言沟通不畅造成误会，双方口角导致肢体冲突引发群体殴打事件。事件造成二人轻伤，损坏核桃仁糖果约16万。加损坏的摩托车和受伤人员共计20万。目前@平江公安天岳派出所将凌

---

① 谭璐：《一个官员的微博试验场》，载于《北京青年报》，2012-06-20，A17版。

某刑事拘留，十六名新疆人财物得到赔偿并被遣返回疆。”“核桃仁糖果价值16万元”这一事实引起了网友的热议，并迅速发酵成了网络流行语——“切糕”，如@吴法天发微博“以后卖新疆切糕的三轮车剐蹭到劳斯莱斯，弃车逃逸的应该不是三轮车，而是劳斯莱斯”。之所以能够引发网友的热议，原因在于警方并未将事实的细节呈献给公众，公众自然难以理解为何三轮车上的切糕能够价值16万[①]。

因此，政务微博在发布信息时应该尽量如实详尽地展现事实，不说假话，也应尽量透露细节，避免公众的疑问。

四、政府官员个人微博信息发布注意事项

政府官员注册微博账号，并发布信息，这样的微博是不是政务微博？本文认为要分情况看。由于现在大多数微博采取的是“后台实名，前台自愿”，如果政府官员在微博中明确表示“微博内容与所任职的单

① 朱明刚、庞胡瑞：《@新疆发布积极回应“天价切糕”事件》，载于人民网，2012-12-06，http：//society.people.com.cn/n/2012/1206/c1008-19812767.html。

位无涉”，则可以认为该微博为政府官员个人微博，不属于政务微博范畴；如果政府官员以倾听民生、收集民意为目的，所发微博内容涉及政府机构工作，或通过微博发布信息对政府相关工作进行解读，这样的微博则应属于政务微博范畴。本文仅就属于政务微博范畴内的政府官员个人微博进行讨论和分析，并建议其在微博运营和管理过程中要忌官气十足、忌评论草率、忌拒绝互动、忌显摆炫耀、忌常识错误。

（一）忌官气十足

政府官员之所以开微博，是为了更好地与民众进行沟通，通过与老百姓直接接触的方式“接地气”，以便更好地改进工作方法、提供更优质的社会服务。官员微博本身就是一个问政于民、问计于民的强大信息工具。通过开设微博，体制内的官员也可以成为微博红人甚至是意见领袖。要让网友能够被微博吸引，官员微博必须专业、真诚，而不能官气十足，面对老百姓提出的实质性问题不能闪闪躲躲，面对网友的提问和评论不能视而不见，更不能在微博中以俯视的姿态与网友对话。

（二）忌评论草率

通常来说，官员微博应该对自己所在部门相关的公共话题积极发言，而切不能对自己不懂的事情信口雌黄、草率评论。一旦评论有所偏差，就会影响到官员的形象。

一些体制内的微博领袖就长期在自己的专业领域发言。如原北京市环保局副局长、新闻发言人杜少中，微博名为“巴松狼王”，长期关注“北京 PM2.5 事件”、回收废旧电池等环保话题。陕西省公安厅副厅长陈里则长期关注与三农、社会管理、法治和文化教育建设相关领域的话题。这样的官员微博就有助于提升官员的公众形象。

（三）忌拒绝互动

微博作为网络社交工具，有利于网友之间从更多的渠道加强彼此之间的联系，评论和 @ 功能都能有效促进博主与听众彼此之间的了解。官员以公职身份开微博，一大目的就是为官民沟通提供一个便捷的方式，因而在微博中面对网友的评论、建议甚至批评，都应该进行积极的互动，而不应该通过设置评论权限等方式，拒绝互动。拒绝互动的官员微博没有亲和力和人情味，或多或少都会影响到公众对于政府形象的认知。

（四）忌显摆炫耀

官员作为公权力的执行者，受到公众的监督，如果官员在微博上显摆炫耀，很容易被公众发觉、议论，从而引发公众情绪并成为热点社会话题，甚至引发官民隔阂。因此，官员微博必须谨慎显摆炫富，需要低调行事，将微博作为一个为民干实事的平台。

（五）忌常识错误

官员在开通微博时，应清楚地认知微博的功能和作用，并清醒地知道该微博代表的是自己的职业形象，关乎到公众对于政府形象的认知。

2012 年 6 月 20 日，微博直播开房门为舆论热议话题。阳市卫生局局长谢志强开通微博并上传个人真实照片，并通过微博与一女子商量如何开房等细节。这一事件被网民曝光之后，引起舆论哗然。当记者采访时问他有关情况时，他竟然以为微博是隐私的聊天工具，以为别人看不到，成为一时笑谈。

五、政务微博沟通技巧

沟通是政务微博的重要功能之一，也是政务微博发挥作用的重要表现形式之一。因此，本文认为，政务微博在搭建政府和民众互动的桥梁时，应强调沟通技巧，以便更好地提高政府公共服务水平，展示政府良好的形象。

（一）及时回应，但不急于定论表态

随着越来越多的新闻事件的始发地源自微博平台，政务微博在微博辟谣、回应质疑等方面承担着重要的职责，而网友也热衷于通过私信、评论等方式，通过政务微博追问新闻事件的事实和细节。

在网络舆情升温之时，政务微博应以积极的姿态面对事件，并及时回应，掌握公共舆论的主导权。在事件的细节并没有弄清楚之前，政务微博不要忙于定论表态，只需透露目前已经确定的部分事实，给网友提供第一手信息，满足公众的知情权，并平复公众情绪。对于网络中沸沸扬扬的流言与谣言，政务微博能够辟谣的尽量及时辟谣，不能不闻不问，任其发展。

（二）真诚交流，但不囿于流程化

在与网友进行沟通时，政务微博应该以亲和的姿态提供专业化的信息，让网友感受到政务微博运营人员的真诚。同时，可以开辟多种沟通交流的方式，并不局限于在网络上进行语言交流，甚至可以策划网友到线下一起参与活动。

如 2012 年 10 月中旬，团中央志工部、中国青年志愿者协会等联合策划发起了 # 走进七彩小屋 # 体验七彩课堂 # 志愿者体验日活动。全国 31 个省级及其下属志愿者相关账号参与了本次活动，北京、武汉、广东惠州、辽宁、上海五大城市展开了线下志愿者招募活动，共招募到 50 名网友走进七彩小屋，利用微博播报志愿者体验活动[①]。政府借助媒体平台，联合企业，共同发起爱心活动，拓宽了公益活动的范围，起到了主导和示范作用，得到社会各界的好评。

多样的、真诚的沟通方式使得政务微博不再是“冷冰冰”的面孔，可以有效地聚合网友，从而能够更便捷地获取民意，增强政府的公信力。

---

① 唐小丽：《[盘点]2012上海十大政务微博》，载于人民网，2013-01-05，http：//sh.people.com.cn/n/2013/0105/c348241-17971900-11.html。

（三）控制局面，但不说空话套话

在面对突发性公共事件时，政务微博的重要作用就是向公民及时传播信息，以维持良好的社会秩序。

2012年7月21日，北京遭遇自1951年有完整气象记录以来最大的一场暴雨袭击，造成79人遇难，其中51人系溺水身亡，190万人受灾。一些市民在网络上反映因暴雨受困停在路边的车被贴上了罚单，对此@北京发布及时发布官方信息：【交管局回应雨后贴条】1. 下发通知，雨后以服务疏导为主，对因雨受困车辆联系车主，挪移清拖；2. 对22日协管员擅自粘贴的违法告知单不予录入。3. 对擅自贴条的当事协管员严肃处理、调离工作岗位[①]。这些言论有效地避免了暴雨后负面舆情的扩散，解决了问题，给市民带来了方便。

（四）有品有节，但不贫嘴低俗化

2012年7月5日，网民"精选_微博"发布了这样一条微博："南京共青团路上扫地的九岁孩子，询问得知因没户口无法上学，每天早上九点就起床，晚

① 饶沛、郭超：《北京交管局：灾后罚单作废严肃处理贴条人员》，载于《新京报》，2012-07-23。

上也要扫，妈妈正在路对面擦垃圾箱……很机灵可爱的孩子，谁能助他上学？”发布者将此微博@了“南京发布”“姚晨”等微博V用户及微博名人。“南京发布”管理员发现该微博后立刻与当地政府部门联系，确定信息为假后发布官方微博：【辟谣】今天下午某营销账号发布微博称共青团路有一九岁孩子因没户口无法上学，只能每天与母亲扫地。雨花台区委宣传部迅速与相关部门、街道核实。我们也与该账号进行沟通核实，该账号承认转载了不实消息，已自行删除。友情提示：网民们在转载此类信息时，注意消息真实性，爱心和社会责任感不要被人利用[①]。

由于其官方性质，政务微博经常会得到一些网友的求助、投诉等信息，一旦发现信息为假，政务微博也应以积极端正的姿态进行辟谣，促进社会向善和社会沟通。

（五）专业对待，但不能杜撰隐瞒

政务微博应该与公民积极互动，帮助公民排忧解难，形成良好的官民沟通局面。只有服务于人民，才

① 刘克梅：《155分钟歼灭网络谣言值得借鉴》，载于新华每日电讯。2012-07-09。

能获得人民的信任；只有为老百姓解决实际困难，才能够让老百姓认识到政务微博的巨大作用。

如 2012 年 6 月 18 日，北京海淀“甘家口之窗”微博的一位名叫“范 _ 森”的粉丝反映自己所在小区一大早就有工地进行施工，影响休息，希望街道能够出面协调将施工时间延迟到 7 点 30 分以后。在了解了该居民的具体地址和详细情况之后，民事协调队与居委会、施工方进行了沟通，最终施工方同意将施工时间延后至 8 点，并于 6 月 21 日端午节前夕将这一情况告知这位居民，并顺祝他端午节快乐。收到回复后，“范 _ 森”说：“这样的形式不但使公民和政府机构建立更流畅便捷的交流渠道，还使得机构的工作和努力为公民所了解。减少或许存在的误解和隔阂。深知事有大益，做事更有大不易，望更坚持之，努力之。作为甘家口居民表示支持和感到骄傲！”

（六）真实回复，但不应针锋相对

政务微博在面对公众质疑时，应该有包容开放的心态，积极应对，展现出政务微博以及政府工作人员的风采。

陕西省公安厅副厅长陈里请农民工吃羊肉泡馍引

发了网友的质疑，称陈里是想借此事作秀。陈里并没有“以牙还牙”，而是以平和的姿态回应，请客的是“三农问题学者”陈里，而不是“陕西省公安厅副厅长”陈里，自己只不过是想通过这样的方式获得研究三农问题的“一手材料”，纯粹是自己周末的一次个人行为。与此同时，他还与持质疑态度的网友进行私信互动，并在其个人微博上公布了自己手机号码，“希望大家多支持监督”。陈里表示，“有质疑很正常，如果全是赞美的声音，反而证明有问题[①]。”这样的网络沟通方式有效地化解了网友的质疑，也获得了公众的信任。

① 杨华军：《陕西公安厅副厅长微博公布手机号约农民工吃饭》，载于《新京报》，2012-05-31。

第五章　政务微博发展展望

第一节　从信息推送发展到信息服务

如同在激烈的市场经济环境下，商家只有从客户需求的角度出发提供各种相应配套的服务，才能在激烈的竞争中立于不败之地一样，政务微博也正在学会换位思考　　民众通过政务微博能够获得怎样的信息？民众需要怎样的服务？民众的问题通过这一渠道能否得到快捷方便的解决？

一、从卖方市场向买方市场转型

未来，政务微博将从从传统的卖方市场思路转为买方市场思路，不仅是单纯地向民众推送信息，而是能更好地利用政务微博达到信息服务的目的。

首先，政务微博运营和管理人员要转变观念，视自己的粉丝为自己的用户，强化政务微博的服务观念，以此关注和满足用户的需求。其次，在政务微博的管理和运营中，要有意识地将政务微博信息从告知类信息向告知类信息、互动性信息和反馈性信息的综合传播转化。

二、政府利用微博征求民意

政务微博发布的主要内容是告知类信息。政府新的政策、法规、规定等的发布以及对一些突发事件的处理情况等的跟进，都属于告知类的信息。告知类信息发布的目的是让民众及时了解政府的决策和动向，加强信息的公开性，便于民众的监督。

通过增加互动性信息，引导民众关注政务微博，对一些与民众切身利益相关的信息、话题等进行互动讨论。利用微博平台的及时性与互动性，从关注者那里及时掌握社会的一些新的动向和亟须政府解决的问题。在政府决策之前，充分利用微博平台征求民众的意见和建议，了解民众的反馈性信息，可以增加政府行政的透明度，有利于政府做出更科学、更合理的决策。

第二节 从线上发布信息到线下解决问题

传统媒体的传播方向是单向的，互动功能较弱，而微博以其双向循环传播模式乃至多向互动传播模式使传播者和受传者之间不断变换着角色，增进信息的沟通交流，达到最佳的传播效果。

一、线上问题线下解决

政务微博应该充分利用好这一优势，倾听网民的声音，回答网民的问题，与网民进行互动，发挥微博问政的实效。同时，建立合理的反馈机制，对于民众在线上对政务微博发出的建议意见、求助信息等进行跟进，政府相关部门能在线下第一时间及时解决，使线上线下得到良好的互通。这种线上线下紧密结合的O2O模式，是未来政务微博发展的趋势。

首先，政府工作人员对网民提出的疑问和建议要在第一时间做出反应，而不能不理不睬。尤其是突发公共危机事件，更应该及时公布事件的真相，与公众进行有效的沟通交流，避免因信息封堵带来的谣言、流言的传染式传播。这是线上线下协同机制的线上部分——与网民开展线上互动交流，实现信息的传输和反馈效果。

其次，微博可以说情况、摆问题、表态度，但大多数不具备“线上”办理政务的能力。对于网上反映的情况和表达的诉求，要进行现场走访、调查研究，寻找症结，真正解决问题还是在线下。政务微博可以作为一个重要的政务反馈渠道，可以是政务管理的一部分，但绝不是政务工作的全部。将“线上”反映的问题，拿到“线下”第一时间去核查去解决，这才是新时期政务工作的正确路径，这才是对政务微博的正确认识和科学运用。如此，才能真正确立政务微博的公信力，也才能真正拉近政府与百姓之间的距离。

二、政务微博规范化发展

目前，不少政务微博已经开始尝试通过线上收集问题，推动线下政府办事效率，但这种线上线下的联动还只是出于部分政府部门的自发自觉，未形成完整的制度架构和制度保障。

在国外，如英国于 2009 年就发布了《政府部门 Twitter 使用指南》，对政务微博做细节性规范，将政府官员发 Twitter 的频率制度化，对不作为者建立奖惩制度。目前，北京、武汉等地也推出了关于政务微博的指导意见，下一步将制定政务微博相关管理细则，包括政务微博开通的审核、信息发布审核流程、信息内容规范、网上办事流程等，通过政府部门官方规范建立线上线下协同的机制，可以极大提高政务微博的使用率和传播效果，促进其规范化发展。

第二节　体系化、矩阵化、规模化协调发展

多个政府发布厅的出现，集聚了政府的各个部门，整合内部资源，以快捷的方式为网民提供“一站式”服务，大大提高了政府服务的水平和效率，同时也拓宽了网民的信息反馈渠道。这种纵横交错的微博集群

打破了传统政务服务的模式和格局，标志着政务微博向着体系化、矩阵化、规模化协调发展。

一、职能部门资源整合

2012年，政务微博平台上已经形成了公安、宣传、交警、交通、共青团、旅游、司法、气象、工商税务和医疗卫生等多个政务微博垂直方阵。而诸多省市的政务微博“政府发布厅”上线，聚合了本地公安、交通、旅游等各个城市职能部门的微博，涵盖了市民衣、食、住、行、教育、安全、医疗等生活的各个方面，从横向上将城市多个职能部门资源进行整合。

2012年，共有交通微博发布厅、卫生系统发布厅、公安微博发布厅、检察机关微博发布厅、法院系统微博发布厅等多个职能部门的政务微博发布厅上线。以铁路系统为例，由@中国铁路牵头，聚合18个路局官方微博、63个站段官方微博、7个服务品牌微博，以微博发布厅的形式呈现。这一微博是铁路部门提供运输资讯服务、普及铁路常识、推广铁路文化及与网友开展互动活动的重要平台之一。@中国铁路利用@等功能，联动各路局官方微博统一进行策划、宣传，集体开展微活动，为民办事，并开设“铁路微博群”页面，将铁路行业各级各类微博整合，进行集中展示。

北京、上海、广东等多个政府发布厅的出现，集聚了政府的各个部门，整合内部资源，以快捷的方式为网民提供一站式的服务，大大提高了政府服务水平和效率，同时也拓宽了网民的信息反馈渠道。以“上海发布”为例，它在首页上集合了市级委办局、社会团体、区县政府、公安分局、街道派出所、公共服务机构共几百个微博，而且基本实现了市委办局、区县政府的全覆盖。这方便了上海市民寻找相关部门的微博。此外，经过信息资源的共享，“上海发布”传达了许多市政府下属机构微博的消息，还通过“连线区县”这一板块来发布各区县的最新消息。一方面，网民能够方便、快捷地获得交通、医疗、教育、住房等与生活息息相关的信息，并向相关部门微博反映遇到的难题；另一方面，“上海发布”的微博内容也得到了丰富和拓展。

二、政务微博体系化、矩阵化、规模化发展

这种纵横交错的微博集群打破了传统政务服务的

模式和格局，标志着政务微博向着体系化、矩阵化、规模化协调发展，有助于各个政务微博内部组织架构之间达到共同协作；有助于理顺政府内部信息的发布机制，把政府要发布的各种信息作为一个“整体”进行通盘考量，符合整合营销传播规律，从而避免了各个部门在信息发布上各自为政；有助于深化并拓展政民网络互动，使政府职能部门能够更好地发布信息和提供服务。

尤其在自然灾害和突发事件中，政务集群可以发挥集群作战能力，有效形成强有力的应对矩阵，及时发布权威信息、回应社会关切问题、正确引导舆论，使公众能够迅速了解权威信息，了解事件进展，也使公众的反馈信息能快速准确地到达相应的政府职能部门，形成全方位、立体式的灾害预警引动以及协同一致的高效行动力。例如在暴雨灾害中，北京微博发布厅里，各区县通过微博报告当地受害信息，使公众第一时间了解灾害现场情况，为救援提供指导。同时，气象局、卫生局、交通局等各职能部门官方微博及时发布各自领域的专业救援知识，为公众应对灾害天气答疑解困。

如果说，2012 年是政务微博集群的试水之年，那么进入 2013 年，政务微博集群的“一站式”服务功能得到了进一步提升。一方面，政务微博本身条块化现象有待进一步整合，政府机构微博、官员微博相互之间都需进一步提升协同性，拓展和方便民众的反映渠道；此外，政务微博部落矩阵式发展管理制度将会更加完善，群体性规划、综合式管理、分布式运营，将加快政务微博的发展。总体而言，经历了多年来的发展，中国政务微博从大胆试水、积极参与和主动作为，到基于政务微博的“发布—解读—回应”衔接配套的政务公开工作格局基本形成，不仅创新了“政府公共社交传播”的新模式，促进了公共治理和公共服务的社会化，更构建起了多元、对话、协商的开明政治格局。

第四节　政务微博的新媒体新技术应用

随着移动社交吸引力的不断增强和移动社交软件的高速发展，2013 年，我国移动社交网民和微信公共账号数量大幅增长，并进一步扩大了突发公共事件与社会热点话题的网民参与度。微博、微信等新型社交媒介，可能对我国社会舆论格局产生杠杆效应，政务机构、主流媒体和社会名人大量入驻移动网络舆论场，以人际关系和组织传播特征，形成网上的圈子化部落。如今，政务微博的迅猛发展已大大拓展了网民获取信息的渠道，而在可预见的将来，微信也逐渐成为政务信息发布的重要平台之一。

目前，QQ、微信等社交应用都已打开通向微博的入口，通过微信联合微博平台，在信息的发布中更具有信息传播的实时性和主动性，获得公众的认可和网络舆论的认可度也会更高。同时，微博自身也具有集成性，即微博能整合博客（BLOG）、实时通信工具（IM）、网站链接等。随着微博功能的拓展，微博自身还会逐渐增加文件传输、音频视频直播等功能。这些新的传播方式与传播理念的发展将不断推动政务信息发布渠道的多样化，同时也会更加考验政务微博整合多种新媒体传播手段进行网络问政的能力。

未来政务微博势必将打通多种社交网络平台，综合应用各种新媒体技术，充分协调各平台的优势，实现政务微博用户访问的“一站式”服务，以加强信息的传播力度。在传播内容上全媒体化，以“图、影、音”等多媒体类内容聚合，给网友更好的体验；在传播方式上以微博为平台搭建政府机构的信息资源中心，整合 QQ、微信等多种技术手段，汇集散落在门户、论坛、博客、视频网站等各个互联网平台的信息，进行全方位、立体式的互动传播。例如，政府发布的预警信息、服务信息可以通过微信来代替手机短信预警，而微信账号和微博账号可以互相形成推荐。这种多平台的联动能增加政务微博的曝光率，间接带动关注度。同时也有助于避免政府机关在整体网络平台上多头注册、多头监控、多头应对等分散化的顾东难顾西的尴尬，有利于提升集中资源、节约成本，提高政府行政效率，使获取政务信息的途径更加多样化。

结　语

构想一下政务微博的远景。政务微博信息资源通过共建共享模式，形成全方位、多层次、宽视角的“一站到位式”公共信息集成服务模式，整合微博与实时通信工具、网站链接等，以统一协调的运行机制为基础，开辟公共信息咨询服务、检索服务、用户个性化服务等，克服政务信息爆炸与“碎片化”给公众信息获取带来能力上的挑战。同时，整合政府组织内部微博信息管理，构建规范的公共信息反馈机制，适时开展互动信息处理的线上线下协调处理，实现政务微博管理科学化、规范化运作。

在这样一种传播机制中，作为公共信息传播主体的政府及其官员，使用站点从固定终端扩展到移动客户端，突破了时间和空间的局限；作为公共信息受众的社会组织和公众，也能随时随地通过手机或电脑发布意见、转发信息和接收来自任何政府部门及其官员的信息。通过传统媒体与新媒体的有效结合，政务微博变成包含海量信息的政府网站的“微窗口”，通过建立多个政务微博间的联系，形成政务微博群，使裂变方式与集群方式共存，公共信息能够快速流通与到达，政务微博真正纳入政府的政务体系之中。

参考文献

[1] 郭庆光 . 传播学教程 [M]. 北京：中国人民大学出版社 . 2003

[2] 窦含章，李未柠 . 政府如何开微博 [M]. 北京：中共中央党校出版社 . 2011

[3] 段旭主 . 玩转微力量 [M]. 北京：新华出版社 . 2012

[4] 高明勇 . 微博问政的 30 堂课 [M]. 杭州：浙江人民出版社 . 2012

[5] 崔菲编 . 三天玩转"微博营销"[M]. 北京：北京理工大学出版社 .2011

[6] 王弘张 . 玩转微博 [M]. 北京：机械工业出版社 . 2012

[7] 陈彤，胡建华，丁俊杰 . 政务微博实用之难 [M]. 北京：中共中央党校出版社 . 2012

[8] 段旭，苟德培 . 玩转微力量——公务人员与政务机构微博实用维护新探 [M]. 北京：新华出版社 . 2012

[9] 周滨 . 微博问政与舆情应对 [M]. 北京：人民出版社 .

2012

[10] 向钧 . 网络舆情信息工作理论与实务 [M]. 北京：学习出版社 . 2008

[11] 安德鲁 · 查德威克 . 互联网政治学：国家、公民与新传播技术 [M]. 北京：华夏出版社 . 2010

[12] 谢尔 · 以色列 . 微博力 [M]. 北京：中国人民大学出版社 . 2010

[13] Tamar Weinberg. 正在爆发的营销革命——社会化网络营销指南 [M]. 北京：机械工业出版社 . 2011

[14] 邵培仁 . 媒介生态学 [M]. 北京：中国传媒大学出版社 . 2008

[15] 陶文昭 . 电子政府研究 [M]. 北京：商务印书馆 . 2005

[16] 刘恒等 . 政府信息公开制度 [M]. 北京: 中国社会科学出版社 . 2004

[17] 金太军等编著 . 网络与政府管理 [M]. 贵阳: 贵州人民出版社 . 2002

[18] [美] 李普曼，阎克文，江红译 . 公众舆论 [M]. 上海：上海人民出版社 . 2006

[19] 丁俊杰，张树庭 . 网络舆情及突发公共事件危机管理经典案例 [M]. 北京：中共中央党校出版社 . 2011-03

[20] 李行健主编 . 现代汉语规范词典 . 北京：外语教学与研究出版社，语文出版社 . 2010

[21] 高涵 . 微博新闻价值及对传统媒体的影响 . 新闻爱好者 [J]. 2012-09（上半月）

[22] 沈杨，杜骏飞 . 新媒体开启新时代 . 新闻战线 [J]. 2011-02

[23] 中共枣庄市委宣传部 . 关于微博发展与应对问题的研究 . 理论学习 [J]. 2010-10

[24] 郭建光 . 微博言论有了法律尺子 . 中国青年报 [N]. 2011-09-07

[25] 窦宝国 . 我国政务微博的发展现状、存在问题及对策建议 . 当代社科视野 [J]. 2012-03

[26] 佚名 . 微博时代的整合社交营销 . 成功营销 . 2011-03-11

[27] 余飞 . 政法微博发展迅猛“微”言成大义 . 法制日报 [N]. 2012-11-30

[28] 桂杰 . 政务微博如何“转文风”. 中国青年报 [N]. 2013-02-17

[29] 桂杰著 . 邹建华: 政务微博的最大价值是与小道消息赛跑 . 青年时讯 [N]. 2012-11-09

[30] 毕秋敏、张名章 . 政务微博应用的若干问题探析及发展思考 . 今传媒 [J]. 2012-06

[31] 黄辛 . 2012 年我国政务微博井喷式发展 . 中国科学报 [N]. 2012-12-27

[32] 温需 . 政务微博“井喷”年增长 231%. 新京报 [N]. 2012-12-04

[33] 潘亚楠 . 微博客 Twitter 探析 . 东南传播 [J]. 2009-12（总第64 期）

[34] 韩娜 . 传播学视角下政务微博的发展路径探析 . 新闻与写作 [J]. 2012-02

[35] 朱达志 . 代表委员上微博让民主更直接一点 . 中国青年报 [N]. 2011-03-01

[36] 刘璟 . “微博问政”：昙花一现，还是民主参与的契机？ . 社会科学报 [N]

[37] 李烨池 . 官员微博：代表个人还是官方？ . 羊城晚报 [N]. 2011-12-05

[38] 邹娟 . “上海发布”吆喝卖菜 . 东方早报 [N]. 2011-12-04

[39] 黄辛 . 2012 年我国政务微博井喷式发展 . 中国科学报 [N]. 2012-12-27

[40] 段聪聪 . 微博让中国民众更关注政治 . 环球时报 [N]. 2011-04-12

[41] 刘瑛、薛刚 . 关于政务微博应用的探讨与研究 . 中国信息界 [J]. 2012-06

[42] 毕秋敏、张名章 . 政务微博应用的若干问题探析及发展思考 . 今传媒 [J]. 2012-06

[43] 金静 . 外交小灵通危机显身手 . 北京晚报 [N]. 2012-03-13

[44] 李鹏、张远瑶 . 政府微博客信息交互的应用策略 . 信息系统工程 [J]. 2011-10-20

[45] 苗娇 . “青年军”成腾讯微博最大“军团”. 中国产经新闻 [J]. 2012-11-08

[46] 据《新快报》报道 . “悬浮”官员笑对网友 PS 大赛 . 楚天金报 [N]. 2011-07-06

[47] 谭璐 . 一个官员的微博试验场 . 北京青年报 [N]. 2012-06-20

[48] 梁晓莹 . 政务微博传播效果与技巧 . 新闻前哨 [J]. 2011-09

[49] 邱力力 . 来自 SoLoMo 的营销机会 . 电脑报 [N]. 2011-08-15（5）

[50] 崔学敬 . 我国政务微博的现状、问题和对策 . 党政干部学刊 [J]. 2011-11

[51] 李小凯 . 潍坊政务微博群有待优化不少官微实为个人微博 . 齐鲁晚报 [N]. 2013-02-25

[52] 汤旸 . 北京购车摇号“刘雪梅”连续 7 月中签被称摇号帝 . 新京报 [N]. 2012-11-29

[53] 丁建庭、云信 . 县旅游局微博称迎来首批纯种外国人引争议 . 南方日报 [N]. 2012-06-05

[54] 陈荞 . “官微博”被指形式化 . 京华时报 [N]. 2011-12-05

[55] 饶沛、郭超 . 北京交管局：灾后罚单作废严肃处理贴条人员 . 新京报 [N]. 2012-07-23

[56] 刘克梅 .155 分钟歼灭网络谣言值得借鉴 . 新华每日电讯 [N]. 2012-07-09

[57] 杨华军 . 陕西公安厅副厅长微博公布手机号约农民工吃饭 . 新京报 [N]. 2012-05-31

[58] 陈娟、晓德 . 微博凶猛 . 国际先驱导报 [N]. 2011-07-11

[59] 林培 . 官员微博真实生态：个性鲜明想改善和柔化形象 . 新华日报 [N]. 2011-04-14

[60] 郭伟 . 浅析传统媒体与微博议程设置互动关系 . 今传媒 [J]. 2013-01

[61] 周群 . 国内商业门户网站新闻来源状况调查——以新浪、网易为例 . 今传媒 [J]. 2012-03

[62] 李立威、王晓红 . 网络虚假新闻的来源 . 传播路径和治理机制 . 新闻与传播研究 [J]. 2011-03

[63] 佚名 . 地方政府政务微博如何“织”？ . 半月谈 . 2011-12-26

[64] 李烨池 . 两省官员微博打嘴仗专家称个人言论须事前声明 . 羊城晚报 . 2011-12-05

[65] 佚名 . 武汉官员暴雨中“坐轿”照引热议 . 南方都市报 . 2012-07-18

[66] 王薇、张晓艺 . “外交小灵通”：新媒体环境下我国的公共外交与政府形象 . 国际展览 [D]. 2013-01

[67] 中国互联网络信息中心 . 第 39 次《中国互联网络发展状况统计报告》[R]. 2017-01

[68] 腾讯科技 . 第 28 次中国互联网络发展状况统计报告 [R]. 2011–07–19

[69] 人民微博人民网舆情监测室 . 2012 年人民微博政务影响力报告 . 2012

[70] 国家行政学院电子政务研究中心 . 2011 年中国政务微博客评估报告 . 2012–02–02

[71] 新浪新闻中心 . 2012 年新浪政务微博报告 [R]. 2012

[72] 新浪城市 . "城市发布" 政务微博联手发起随手拍幸福家庭 . 新浪微博 . 2012–05–25.http：//city.sina.com.cn/focus/t/2012–05–25/153730049.html

[73] 卢国强 . 中传舆情研究所报告：微博已成中国第二大舆情源头 . 中国网络电视台 . 2011–07–19. 来源：新华网 .http：//news.cntv.cn/20110719/113789.shtml

[74] 腾讯微博 . 微话题・派出所值班那些事 . 2011–09–06. http：//zhibo.sports.qq.com/mbask/1002/index.html

[75] 杨勇权 . 旅游微博试水联合营销浙江百家精品景区万张门票大派送 . 第一旅游网 . 2011–09–21. http：//www.toptour.cn/detail/info35419.htm

[76] 陈宁 . 政务微薄 "卖萌" 需谨慎 . 人民在线 . 2012–06–12. http：//www.peopleyuqing.com/topnews/topcontent/2012–06–12/2957.html

[77] 朱明刚庞胡瑞 . @ 新疆发布积极回应“天价切糕”事件 . 人民网 . 2012-12-06. http：//society.people.com.cn/n/2012/1206/c1008-19812767.html

[78] 唐小丽 . [盘点]2012 上海十大政务微博 . 人民网 . 2013-01-05. http：//sh.people.com.cn/n/2013/0105/c348241-17971900-11.html

[79] 无语钟 . 政务微博，网络时代的“群众路线”. 荆楚网 . http：//focus.cnhubei.com/original/201208/t2174278.shtml

[80] 查文晔、顾烨 . 公安部回应微博打拐称会核查每条线索 . 新华网 .2011-02-09. http：//news.xinhuanet.com/society/2011-02/09/c_121058868.htm

[81] 人民日报 . 2016 年上半年人民日报 · 政务指数微博影响力报告 [R]. 2017-01

[82] 商意盈 . 方兴未艾，短板尚存——“政务微博”发展现状探寻 . 新华网 . 2011-08-31. http：//news.xinhuanet.com/society/ 2011-08/31/c_121936939.htm

[83] 周文林 . 新浪微博用户数超 5 亿同比增长 74% . 新华网 . 2013-02-21. http：//news.xinhuanet.com/tech/2013-02/21/c_124369171.htm

[84] 刘浦泉 . 腾讯微博注册账户达 5.4 亿 . 新华网 . 2013-01-18. http：//www.bj.xinhuanet.com/jzzg/2013-01/18/c_114419391.htm

[85] 耿聪 . 上海地铁呼吁女乘客穿衣自重引网友争议 . 人民网 . 2012-06-25. http：//society.people.com.cn/n/2012/0625/c1008-18374313.html

[86] 温馨 . 政务微博，向左？向右？ . 新华网 . 2013-01-14. http：//news.xinhuanet.com/comments/2013-01/14/c_114357203.htm

[87]《半月谈》. 地方政府政务微博如何“织”？ . 新华网 . 2011-12-26. http：//news.xinhuanet.com/lianzheng/2011-12/26/c_122482668_2.htm

[88] 网易科技 . 网易微博平台升级用户数突破 2.6 亿 . 网易网 . 2012-10-18. http：//tech.163.com/12/1018/18/8E49Q121000915BF.html

[89] 胡彦珣 . 沪语公交报站试点工作将推进普通话、英语和沪语同时报站 . 新民网 . 2011-12-07. http：//shanghai.xinmin.cn/msrx/2011/12/07/12910128.html

[90] 吴善阳 . 中国政务微博超过 7 万成为网络问政重要平台 . 中国广播网 . 2012-12-26.http：//native.cnr.cn/city/201212/t2012 1226_511643732.html

[91] 董立人 . 发挥政务微博在创新社会管理中的作用 . 新浪网 . 2013-01-23. http：//vip.book.sina.com.cn/book/chapter_225298_ 276735.html

[92] 南方都市报 . 武汉官员暴雨中“坐轿”照引热议 . 雅虎网 . 2012-07-18. http：//news.cn.yahoo.com/ypen/20120718/1184956.html

[93] 王益民、丁艺、胡红梅 . 中国政务微博发展现状与对策 . 光明网 . 来源：国家林业局 . 2012-12-07. http：//www.gmw.cn/xueshu/2012-12/07/content_5941024_3.htm

[94] 新浪传媒 . 北京微博发布厅今日正式上线 . 新浪网 . 2011-11-17. http：//tech.sina.com.cn/i/2011-11-17/15256336795.shtml

[95] 湖北省人民政府 . 政务微博：创新社会管理新工具 . 湖北省人民政府门户网站 .

2012-05-24. http：//www.hubei.gov.cn/zwgk/rdzt_v12/zwxwy/zw2011/201205/t20120524_376032.shtml

[96] 俞洁瑚 . 艾瑞咨询：2011 年中国社交网站和微博行业四大盘点 . 艾瑞网 . 2011-12-12. http：//web2.iresearch.cn/59/20111212/158776.shtml

[97] 叶萌茗 . 宁波“最年轻”派出所微博卖萌网友大呼太亲民 . 新闻中心—中国网 . 文章来源：光明网 . 2013-02-22. http：//news.china.com.cn/live/2013-02/22/content_18755434.htm

[98] 人民网舆情监测室 . 政务微博发展总结和预测 . 新浪网 . 2012-12-03. http：//sx.sina.com.cn/city/csgz/2012-12-03/4808.

html

[99] 陈宁 . 非政务性内容提升政务微博亲和力 . 人民网 . 2012-05-02. http：//yuqing.people.com.cn/GB/210118/17790662.html

[100] 王义杰、代表用微博晒提案征意见微博或成履职新平台 . 正义网 . 2012-02-23. http：//cd.qq.com/a/20120223/000162.htm

[101] 微博发布 2017 年第一季度财报 净利润同比增长 561%. 腾讯网 .2017-05-16

[102] 中国互联网络信息中心 . 第 39 次《中国互联网络发展状况统计报告》[R].2017-01

[103] 中国传媒大学媒介与公共事务研究院、新浪微博数据中心 .2016 年中国政务微博矩阵发展报告 [R].2017

[104] 微博数据中心 .2016 微博用户发展报告 [R].2016

后　记

时光荏苒，2013年，我恋恋中结束了在北大的学习生活。当漫步在未名湖畔，当听课在教学楼内，当自习在阶梯教室……北京大学带给我的，不仅仅是其先进的教学理念和开放的教学环境，更多的是一种氛围的熏陶和感染。

在这里，新闻与传播学界权威教授和业内知名人士不吝将自己的学术知识和业内经验教授给我们；在这里，新闻与传播相关行业各岗位上的精英与我们共同学习、奋斗拼搏。在北大学习的时间里，我增长了知识、开阔了视野，这些都将成为我日后工作中的宝贵财富。

在即将完成本书之际，我首先要感谢我的导师胡泳教授。他包容的胸怀、严谨的态度让我受益匪浅。其次，我还要感谢北京大学新闻与传播学院的各位老师，他们生动的教学深深地吸引着我，丰富了我在传播学领域的知识和见解。另外，我还要感谢我的家人、我的同事，还有我可爱的儿子，对我的学业毫无保留地支持和鼓励，这些成为我在学术领域前进的不竭动力。

本书即将付梓，但学无止境，盼在今后的工作岗位上学以致用，兢兢业业、勤勉好学；盼在今后的日子里可以不断学习，勇攀登学术高峰。